Langenscheidt
Universal-Sprachführer

Spanisch

Die wichtigsten Sätze plus Reisewörterbuch

Langenscheidt

E-Book Download

Gehen Sie auf www.langenscheidt.com/bonusmaterial und laden Sie mit dem Code S772A Ihr kostenloses E-Book "Essen & Trinken" herunter.

Abkürzungen

adv	Adverb
f	weiblich
m	männlich
pl	Plural

Bildnachweis

S. 8: Sabine von Loeffelholz
S. 28: shutterstock/arkanto
S. 64: shutterstock/Balate Dorin
S. 82: Alamy Stock Foto/Bax Walker
S. 112: Sabine von Loeffelholz
S. 142: shutterstock/Lux Blue
S. 172: shutterstock/Photobank Gallery
S. 204: shutterstock/Sean Pavone

1. Auflage 2019 (1,03 - 2022)

www.langenscheidt.com

Gestaltungskonzept von Farnschläder & Mahlstedt, Hamburg
Covergestaltung von KW43 BRANDDESIGN, Düsseldorf
Druck und Bindung: C. H. Beck, Nördlingen

ISBN 978-3-12-514233-6

Inhalt

Übernachten 64

Essen & Trinken 82

Einkaufen 112

Aktivitäten 142

Gut zu wissen 172

Reisewörterbuch 204

Um Ihnen eine Hilfe bei der Aussprache des Spanischen zu geben, haben wir alle spanischen Sätze und Wörter zusätzlich in vereinfachter Lautschrift aufgenommen.

Bei zwei aufeinanderfolgenden Vokalen werden beide Vokale einzeln ausgesprochen. Man sagt also z. B. nicht wie im Deutschen Euro, sondern e-uro.

Die Betonung wird in der Lautschrift mit dem Zeichen ' vor der betonten Silbe angegeben.

Werden Wörter eng zusammenhängend ausgesprochen, haben wir sie in der Lautschrift mit dem Zeichen ‿ verbunden.

Hier zusätzlich die Betonungsregeln für das Spanische:
- Wörter, die auf einen Vokal, auf n oder s enden, werden auf der vorletzten Silbe betont:
  ocupado oku'pado besetzt.
- Wörter, die auf einen Konsonanten (außer n oder s) oder auf einen Vokal mit folgendem y enden, werden auf der letzten Silbe betont:
  informar imfor'mar benachrichtigen.
- Alle Ausnahmen werden durch einen Akzent auf dem betonten Vokal gekennzeichnet:
  quizás ki'θas vielleicht.

Schrift	Lautschrift	Aussprache	Beispiel
b	b w	nach einer Sprechpause und nach m wie *b* sonst wie *w* (mit leicht aufeinanderliegenden Lippen)	un billete um bi'jete ein Fahrschein habitación awita'θjon Zimmer
c	θ k	vor e und i wie *th* in *thank you* sonst wie k	gracias 'graθias danke cama 'kama Bett
ch	tsch	fast wie *tsch*, dabei die Zungenspitze etwas zurücknehmen	mucho 'mutscho viel
d	d (d)	nach einer Sprechpause und nach l und n wie *d*; sonst weicher als im Deutschen am Ende des Wortes wird *d* nur ganz schwach gesprochen	perdón per'don Entschuldigung edad e'da(d) Alter

Schrift	Lautschrift	Aussprache	Beispiel
g	g ch g	vor a, u, o oder Konsonant: weiches *g* vor e oder i wie *ch* in Bach soll g vor e oder i wie *g* ausgesprochen werden, so wird ein „stummes u" eingefügt	gustar gus'tar gefallen general chene'ral allgemein alguien 'algjen jemand
h		wird nicht ausgesprochen	hola 'ola hallo
j	ch	wie *ch* in Bach	rojo 'rocho rot
ll	j	wie *j* in Jacke	llave 'jawe Schlüssel
n	m n	vor b, v, f und p wie *m* sonst wie *n*	un vaso um 'baso ein Glas vino 'bino Wein
ñ	nj	wie *gn* in Champagner	español espa'njol spanisch
qu	k	wie *k*	que ke was

Schrift	Laut-schrift	Aussprache	Beispiel
r	rr r	in Schreibung rr mehrfach gerolltes Zungenspitzen-r sonst einfach gerolltes Zungenspitzen-r	jarra 'charra Krug puerta 'puerta Tür
s	s	stimmlos wie in Messe	piso 'piso Etage
v, w	b w	nach einer Sprechpause und nach m wie *b* sonst wie *w* (mit aufeinanderliegenden Lippen)	enviar em'bjar schicken lavar la'war waschen
x	s gs	vor Konsonanten als stimmloses *s* wie in Messe sonst wie *gs*	explicar espli'kar erklären taxi 'tagsi Taxi
y	i j	am Wortende wie *i* sonst wie *j*	soy soi ich bin yo jo ich
z	θ	wie *th* in *thank you*	quizás ki'θas vielleicht

Ins Gespräch kommen

Verständigung

Sprechen Sie ▸ ▸ Deutsch? ▸ Englisch?	¿Habla usted ▸ 'awla us'te(d) ▸ ▸ alemán? ale'man? ▸ inglés? in'gles?
Ich spreche nur ein bisschen Spanisch.	Solo hablo un poco español. solo 'awlo um 'poko espa'njol.
Ich spreche kein Spanisch.	No hablo español. no 'awlo espa'njol.
Ich habe verstanden.	He entendido. e‿enten'dido.
Ich habe das nicht verstanden.	No lo he entendido. no lo‿e‿enten'dido.
Sprechen Sie bitte etwas langsamer.	Hable un poco más despacio, por favor. 'awle um 'poko mas des'paθio, por fa'wor.
Könnten Sie das bitte wiederholen?	¿Podría repetirlo, por favor? po'dria repe'tirlo, por fa'wor?
Was bedeutet ...?	¿Qué significa ...? ke signi'fika ...?
Könnten Sie es mir bitte aufschreiben?	¿Podría escribírmelo, por favor? po'dria‿eskri'wirmelo, por fa'wor?

Begrüßung

Hallo!	¡Hola! 'ola!
Guten Tag!	¡Buenos días! 'buenos 'dias!
Guten Abend!	¡Buenas tardes! 'buenas 'tardes!
Guten Abend! *(ab Dunkelheit)*	¡Buenas noches! 'buenas 'notsches!
Gute Nacht!	¡Buenas noches! 'buenas 'notsches!
Wie geht's?	¿Qué tal? ke tal?
Wie geht es Ihnen | dir ?	¿Cómo está | estás ? 'komo‿es'ta | es'tas ?
Danke, gut. Und Ihnen | dir ?	Bien, gracias. ¿Y usted | tú ? bjen, 'graθias. i‿us'ted | tu ?

Info Bis zum Mittagessen, das in Spanien zwischen 13 und 15 Uhr eingenommen wird, sagt man zur Begrüßung ¡Buenos días!, danach bis zum Sonnenuntergang ¡Buenas tardes!, am späteren Abend ¡Buenas noches! Zu jeder Tageszeit können Sie auch Hola, ¿qué tal? (Hallo, wie geht's?) zur Begrüßung verwenden.

Tschüs!	¡Adiós! a'djos!
Auf Wiedersehen!	¡Adiós! a'djos!
Schönen Tag noch!	¡Que tenga un buen día! ke 'tenga um buen 'dia!
Bis bald!	¡Hasta pronto! 'asta 'pronto!
Bis morgen!	¡Hasta mañana! 'asta ma'njana!

Sich kennenlernen

Sich bekannt machen

Wie heißen Sie | heißt du ?	¿Cómo se llama usted | te llamas ? 'komo se 'jama us'te(d) | te 'jamas ?
Ich heiße ...	Me llamo ... me 'jamo ...
Woher kommen Sie | kommst du ?	¿De dónde es usted | eres ? de 'donde es us'te(d) | 'eres ?
Ich komme aus ►	Soy de ► soi de ►
► Deutschland.	► Alemania. ale'mania.
► Österreich.	► Austria. 'austria.
► der Schweiz.	► Suiza. 'suiθa.

Wie alt sind Sie | bist du ?	¿Cuántos años tiene usted | tienes ? 'kwantos_anjos 'tjene us'te(d) | 'tjenes ?
Ich bin ... Jahre alt.	Tengo ... años. 'tengo ... 'anjos.
Sind Sie verheiratet?	Está ♂ casado / ♀ casada? es'ta ♂ ka'sado / ♀ ka'sada?
Bist du verheiratet?	Estás ♂ casado / ♀ casada? es'tas ♂ ka'sado / ♀ ka'sada?
Ich bin ▸	Estoy ▸ estoi ▸
▸ ledig.	▸ ♂ soltero / ♀ soltera. ♂ sol'tero / ♀ sol'tera.
▸ verheiratet.	▸ ♂ casado / ♀ casada. ♂ ka'sado / ♀ ka'sada.
▸ geschieden.	▸ ♂ divorciado / ♀ divorciada. ♂ diwor'θjado / ♀ diwor'θjada.
Ich lebe getrennt.	Estoy ♂ separado / ♀ separada. es'toi ♂ sepa'rado / ♀ sepa'rada.
Haben Sie | Hast du Kinder?	¿ Tiene | Tienes hijos? 'tjene | 'tjenes 'ichos?

Sich verabreden

Treffen wir uns ►	¿Quedamos para ► ke'damos 'para ►
► heute Abend?	► esta tarde? 'esta 'tarde?
► morgen?	► mañana? ma'njana?
Wollen wir heute Abend zusammen essen?	¿Cenamos juntos esta noche? θe'namos 'chuntos 'esta 'notsche?
Ich möchte Sie | dich einladen.	Quiero invitarle | invitarte. 'kjero imbi'tarle | imbi'tarte.
Wann treffen wir uns?	¿Cuando quedamos? 'kwando ke'damos?
Wo treffen wir uns?	¿Dónde quedamos? 'donde ke'damos?
Wie ist Ihre ►	¿Cuál es su ► kual es su ►
► Handynummer?	► número de móvil? 'numero de 'mowil?
► E-Mail-Adresse?	► correo electrónico? kor'reo elek'troniko?
Treffen wir uns doch um ... Uhr.	Quedamos pues a las ... ke'damos pues a las ...

Es tut mir leid, aber ich muss jetzt gehen.	Lo siento, pero me tengo que ir. lo 'sjento, 'pero me 'tengo ke‿ir.
Vielen Dank für den netten ▸	Gracias, ha sido ▸ muy agradable. 'graθias, a 'sido ▸ mui‿agra'dawle.
▸ Abend.	▸ una tarde 'una 'tarde
▸ Tag.	▸ un día un 'dia
Sehen wir uns noch einmal?	¿Nos volvemos a ver? nos wol'wemos a wer?
Sehr gerne.	Con mucho gusto. kon 'mutscho 'gusto.
Vielleicht.	Quizás. ki'θas.
Es tut mir leid, aber ich kann nicht.	Lo siento, pero no puedo. lo 'sjento, 'pero no 'puedo.

Flirten

Sind Sie | Bist du alleine hier?	¿Está | Estás aquí ♂ solo / ♀ sola? es'ta | es'tas a'ki ♂ 'solo / ♀ 'sola?
Ich warte auf jemanden.	Estoy esperando a alguien. es'toi espe'rando‿a‿algjen.

Lassen Sie mich in Ruhe!	¡Déjeme en paz! 'decheme‿em paθ!
Du gefällst mir sehr.	Me gustas mucho. me 'gustas 'mutscho.
Kommst du mit zu mir?	¿Quieres venir a mi casa? 'kjeres we'nir a mi kasa?
Ich mag dich.	Me caes muy bien. me 'kaes mui wjen.
Ich liebe dich.	Te quiero. te 'kjero.
Ich möchte mit dir schlafen.	Me gustaría acostarme contigo. me gusta'ria‿akos'tarme kon'tigo.
Aber nur mit Kondom.	Pero sólo con preservativo. 'pero 'solo kon preserwa'tiwo.

Weitere Wörter

Adresse	la dirección la direg'θjon
allein	solo 'solo
Beruf	la profesión la profe'sjon
bitte	por favor por fa'wor
Bruder	el hermano el er'mano
danke	gracias 'graθias

einladen	invitar imbi'tar
erfreut	encantado enkan'tado
essen gehen	ir a comer ir a ko'mer
Foto	la foto la 'foto
Frau (Anrede)	señora se'njora
Frau (vor Vornamen)	doña 'donja
Frau (Ehefrau)	la esposa la‿es'posa
Freund (allg.)	el amigo el a'migo
Freund (Partner)	el novio el 'nowio
Freundin (allg.)	la amiga la‿a'miga
Freundin (Partnerin)	la novia la 'nowia
Geschwister	los hermanos los er'manos
heißen	llamarse ja'marse
Herr (vor Vornamen)	don don
Herr	señor se'njor
Junge	el chico el 'tschiko
kennenlernen	conocer kono'θer
Kind	el niño el 'ninjo
kommen aus	ser de ser de
Kondom	el preservativo el preserwa'tiwo
Land	el país el pa'is
langsam	despacio des'paθio
Mädchen	la chica la 'tschika
Mann (Ehemann)	el marido el ma'rido
mögen	querer ke'rer
Mutter	la madre la 'madre

Schule	el colegio el ko'lechio
Schwester	la hermana la‿er'mana
sich treffen	encontrarse enkon'trarse
sich verabreden	quedar ke'dar
Sohn	el hijo el 'icho
sprechen	hablar a'wlar
Stadt	la ciudad la θiu'da(d)
Student	el estudiante el estu'djante
Studentin	la estudiante la‿estu'djante
studieren	estudiar estu'djar
tanzen gehen	ir a bailar ir a wai'lar
Tochter	la hija la‿icha
Urlaub	las vacaciones las waka'θjones
Vater	el padre el 'padre
verheiratet	casado ka'sado
verlobt	prometido prome'tido
Verlobte	la prometida la prome'tida
Verlobter	el prometido el prome'tido
verstehen	entender enten'der
warten	esperar espe'rar
wenig	poco 'poko
wiederholen	repetir repe'tir
wiederkommen	volver bol'wer
wiedersehen	volver a ver bol'wer‿a wer

Zeitangaben

Wie spät ist es?	¿Qué hora es? ke‿'ora‿es?
Es ist zwölf Uhr ▸ ▸ mittags. ▸ nachts.	Son las doce ▸ son las 'doθe ▸ ▸ del mediodía. del medio'dia. ▸ de la noche. de la 'notsche.
Es ist ein Uhr.	Es la una. es la‿'una.
Es ist zwei Uhr.	Son las dos. son las dos.
Es ist fünf nach vier.	Son las cuatro y cinco. son las 'kuatro‿i 'θinko.
Es ist Viertel nach fünf.	Son las cinco y cuarto. son las 'θinko‿i 'kuarto.
Es ist halb sieben.	Son las seis y media. son las säis i 'media.
Es ist Viertel vor neun.	Son las nueve menos cuarto. son las 'nuewe 'menos 'kuarto.

Info Zur Angabe der Zeit verwendet man die Zahlen von 1 bis 12. Wenn nicht klar ist, ob es sich um 3 Uhr nachmittags oder nachts handelt, können Sie de la mañana (morgens), de la tarde (nachmittags) oder de la noche (nachts) hinzufügen.

Es ist zehn vor acht.	**Son las ocho menos diez.** son las 'otscho 'menos djeθ.
Um wie viel Uhr?	**¿A qué hora?** a ke‿'ora?
Um zehn Uhr.	**A las diez.** a las djeθ.
Bis elf Uhr.	**Hasta las once.** 'asta las 'onθe.
Von acht bis neun Uhr.	**De ocho a nueve.** de‿'otscho‿a 'nuewe.
Zwischen zehn und zwölf Uhr.	**Entre las diez y las doce.** 'entre las djeθ i las 'doθe.
In einer halben Stunde.	**Dentro de media hora.** 'dentro de 'media‿'ora.
Den Wievielten haben wir heute?	**¿A qué día estamos hoy?** a ke 'dia‿es'tamos oi?
Heute ist der 2. Juli.	**Hoy es dos de julio.** oi‿es dos de 'chulio.

Wochentage

Montag	**lunes** 'lunes
Dienstag	**martes** 'martes
Mittwoch	**miércoles** 'mjerkoles
Donnerstag	**jueves** 'chuewes

Freitag .... viernes 'wjernes
Samstag .... sábado 'sawado
Sonntag .... domingo do'mingo

Monate

Januar .... enero e'nero
Februar .... febrero fe'wrero
März .... marzo 'marθo
April .... abril a'wril
Mai .... mayo 'majo
Juni .... junio 'chunjo
Juli .... julio 'chuljo
August .... agosto a'gosto
September .... septiembre sep'tjembre
Oktober .... octubre ok'tuwre
November .... noviembre no'wjembre
Dezember .... diciembre di'θjembre

Weitere Wörter

Abend .... la tarde la 'tarde
abends .... por la tarde por la 'tarde
bald .... pronto 'pronto
früh .... temprano tem'prano
Frühling .... la primavera la prima'wera

gestern	ayer a'jer
halbe Stunde	media hora 'media‿'ora
Herbst	el otoño el o'tonjo
heute	hoy oi
heute Abend	esta tarde 'esta 'tarde
heute Morgen	esta mañana 'esta ma'njana
in 14 Tagen	dentro de quince días 'dentro de 'kinθe 'dias
Jahr	el año el 'anjo
jetzt	ahora a'ora
Minute	el minuto el mi'nuto
mittags	al mediodía al medio'dia
Monat	el mes el mes
morgen	mañana ma'njana
morgens	por la mañana por la ma'njana
Nachmittag	la tarde la 'tarde
nachmittags	por la tarde por la 'tarde
nächstes Jahr	el próximo año el 'progsimo‿'anjo
Nacht	la noche la 'notsche
nachts	por la noche por la 'notsche
seit	desde 'desde
Sekunde	el segundo el se'gundo
Sommer	el verano el we'rano
spät(er)	(más) tarde (mas) 'tarde
Stunde	la hora la‿'ora

Tag	el día el 'dia
übermorgen	pasado mañana pa'sado ma'njana
um	a a
vorgestern	anteayer antea'jer
vor Kurzem	hace poco 'aθe 'poko
Vormittag	la mañana la ma'njana
vormittags	por la mañana por la ma'njana
Winter	el invierno el im'bjerno
Woche	la semana la se'mana
Zeit	el tiempo el 'tjempo

Wetter

Wie wird das Wetter ►	¿Qué tiempo hará ► ke 'tjempo‿a'ra ►
► heute?	► hoy? oi?
► morgen?	► mañana? ma'njana?

Es wird ►	Hará ► a'ra ►
► schön.	► buen tiempo. buen 'tjempo.
► schlecht.	► mal tiempo. mal 'tjempo.
► warm.	► calor. ka'lor.
► heiß.	► mucho calor. 'mutscho ka'lor.
► kalt.	► frío. 'frio.
► schwül.	► bochorno. wo'tschorno.

Es wird ▸ geben. ▸ Regen ▸ ein Gewitter	Va a ▸ ba‿a ▸ ▸ llover. jo'wer. ▸ haber tormenta. a'wer tor'menta.
Die Sonne scheint.	Hace sol. 'aθe sol.
Es ist ziemlich windig.	Hace bastante viento. 'aθe was'tante 'wjento.
Es regnet.	Está lloviendo. es'ta jo'wjendo.
Es schneit.	Está nevando. es'ta ne'wando.
Wie viel Grad haben wir?	¿A cuántos grados estamos? a 'kwantos 'grados es'tamos?
Es sind ... Grad (unter null).	Hay ... grados (bajo cero). ai ... 'grados ('bacho 'θero).

Weitere Wörter

bewölkt	nublado nu'wlado
Blitz	el rayo el 'rajo
Dämmerung	el crepúsculo el kre'puskulo
diesig	brumoso bru'moso
Donner	el trueno el 'trueno
feucht	húmedo 'umedo
Frost	la helada la‿e'lada

Glatteis	el hielo el 'jelo
Hagel	el granizo el gra'niθo
heiter	despejado despe'chado
Hitze	el calor el ka'lor
klar	despejado despe'chado
kühl	fresco 'fresko
Luft	el aire el 'aire
Mond	la luna la 'luna
nass	mojado mo'chado
Nebel	la niebla la 'njewla
Nieselregen	la llovizna la jo'wiθna
Regen	la lluvia la 'juwia
Regenschauer	el aguacero el agua'θero
regnerisch	lluvioso ju'wjoso
Schnee	la nieve la 'njewe
Sonnenaufgang	la salida del sol la sa'lida del sol
Sonnenuntergang	la puesta del sol la 'puesta del sol
sonnig	soleado sole'ado
Stern	la estrella la‿es'treja
Sturm	la tempestad la tempes'ta(d)
stürmisch	tempestuoso tempestu'oso
Temperatur	la temperatura la tempera'tura
trocken	seco 'seko
Unwetter	el temporal el tempo'ral
wechselhaft	inestable ines'tawle
Wind	el viento el 'wjento
Wolke	la nube la 'nuwe

Unterwegs

Ein- und Ausreise

Das könnten Sie hören:

Su pasaporte, por favor.
su pasa'porte, por fa'wor.
Ihren Pass, bitte.

Su carné de identidad, por favor.
su kar'ne de‿identi'da(d), por fa'wor.
Ihren Personalausweis, bitte.

Su pasaporte está caducado.
su pasa'porte‿es'ta kadu'kado.
Ihr Pass ist abgelaufen.

¿Tiene algo que declarar?
'tjene‿'algo ke dekla'rar?
Haben Sie etwas zu verzollen?

Tiene que declarar esto.
'tjene ke dekla'rar 'esto.
Das müssen Sie verzollen.

Abra el maletero, por favor.
'abra‿el male'tero, por fa'wor.
Öffnen Sie bitte den Kofferraum.

Abra la maleta, por favor.
'abra la ma'leta, por fa'wor.
Öffnen Sie bitte den Koffer.

Weitere Wörter

EU-Bürger	el ciudadano de la UE el θjuda'dano de la_u'e
Fahrzeugpapiere	la documentación del automóvil la dokumenta'θjon del auto'mowil
Familienname	el apellido el ape'jido
Führerschein	el carné de conducir el kar'ne de kondu'θir
Grenze	la frontera la fron'tera
grüne Versicherungskarte	la carta verde la 'karta 'werde
gültig	válido 'balido
Impfpass	el carné de vacunación el kar'ne de wakuna'θjon
Mehrwertsteuer	el IVA el 'iwa
Nationalitätskennzeichen	la placa de nacionalidad la 'plaka de naθjonali'da(d)
Nummer	el número el 'numero
Papiere	la documentación la dokumenta'θjon
Pass	el pasaporte el pasa'porte
Personalausweis	el carné de identidad el kar'ne de_identi'da(d)
Quittung	el recibo el re'θiwo
Rechnung	la factura la fak'tura

Reisegruppe	el grupo de viaje el 'grupo de 'wjache
Staatsangehörigkeit	la nacionalidad la naθionali'da(d)
ungültig	sin validez sim bali'deθ
Unterschrift	la firma la 'firma
verzollen	declarar dekla'rar
Wohnort	el lugar de residencia el lu'gar de resi'denθja
Zoll	la aduana la_adu'ana
Zollerklärung	la declaración de aduanas la deklara'θjon de_adu'anas

Fragen nach dem Weg

Entschuldigung, wo ist ...?	Perdone, ¿dónde está ...? per'done, 'donde_es'ta ...?
Wie komme ich nach ...?	¿Por dónde se va a ...? por 'donde se wa_a ...?
Können Sie mir das auf der Karte zeigen?	¿Puede indicármelo en el plano? 'puede indi'karmelo_en el 'plano?
Wie viele Minuten braucht man ►	¿Cuánto se tarda ► 'kwanto se 'tarda ►
► zu Fuß?	► a pie? a pje?
► mit dem Auto?	► en coche? en 'kotsche?

Wie weit ist es?	¿A qué distancia está? a ke dis'tanθja_es'ta?
Ist das die Straße nach ...?	¿Es ésta la carretera de ...? es 'esta la karre'tera de ...?
Wie komme ich zur Autobahn nach ...?	¿Cómo llego a la autopista para ...? 'komo 'jego_a la_auto'pista 'para ...?

Das könnten Sie hören:

Lo siento pero no lo sé.
lo 'sjento 'pero no lo se.
Tut mir leid, das weiß ich nicht.

La primera calle a la izquierda.
la pri'mera 'kaje_a la iθ'kjerda.
Die erste Straße links.

La segunda calle a la derecha.
la se'gunda 'kaje_a la de'retscha.
Die zweite Straße rechts.

En el próximo semáforo ...
en el 'progsimo se'maforo ...
An der nächsten Ampel ...

En el próximo cruce ...
en el 'progsimo 'kruθe ...
An der nächsten Kreuzung ...

Orts- und Richtungsangaben

Spanisch-Deutsch

a la derecha a la de'retscha .... rechts
a la izquierda a la_iθ'kjerda ...... links
al lado de al 'lado de .... neben
allí a'ji .... dort
allí detrás a'ji de'tras .... dort hinten
aquí a'ki .... hier
bastante lejos bas'tante 'lechos ziemlich weit
calle 'kaje .... Straße (innerorts)
carretera karre'tera .... Straße (außerorts)
cerca de 'θerka de .... nahe bei
cruce 'kruθe .... Kreuzung
curva 'kurwa .... Kurve
delante de de'lante de .... vor
detrás de de'tras de .... hinter
enfrente de em'frente de .... gegenüber
hacia atrás 'aθja_a'tras .... zurück
hacia la derecha .... nach rechts
'aθja la de'retscha
hacia la izquierda .... nach links
'aθja la_iθ'kjerda
no muy lejos no mui 'lechos ...... nicht weit
por aquí por a'ki .... hier entlang
semáforo se'maforo .... Ampel
todo recto 'todo 'rekto .... geradeaus

Flugzeug

Wie viel kostet ein Flug nach ...?
¿Cuánto cuesta un vuelo a ...? 'kwanto 'kuesta_um 'buelo_a ...?

Bitte ein Flugticket ►
Por favor, un billete ► por fa'wor, um bi'jete ►

► einfach.
► sólo de ida. 'solo de_'ida.

► hin und zurück.
► de ida y vuelta. de_'ida_i 'wuelta.

► Economyclass.
► clase turista. 'klase tu'rista.

► Businessclass.
► clase preferente. 'klase prefe'rente.

Ich hätte gern einen ►
Quisiera un asiento ► ki'sjera_un a'sjento ►

► Fensterplatz.
► de ventanilla. de wenta'nija.

► Platz am Gang.
► de pasillo. de pa'sijo.

Können Sie mir am Check-in-Automaten helfen?
¿Puede ayudarme en el check-in automático? 'puede_aju'darme en el tschek-'in auto'matiko?

Kann ich das als Handgepäck mitnehmen?
¿Puedo llevar esto como equipaje de mano? 'puedo je'war 'esto 'komo_eki'pache de 'mano?

Mein Gepäck ist (noch) nicht angekommen.	Mi equipaje no ha llegado (todavía). mi‿eki'pache no‿a je'gado (toda'wia).
Mein Koffer ist beschädigt worden.	Mi maleta ha sido dañada. mi ma'leta‿a 'sido da'njada.
An wen kann ich mich wenden?	¿A quién me puedo dirigir? a kjen me 'puedo diri'chir?

Weitere Wörter

Abflug	la salida la sa'lida
Ankunft	la llegada la 'jegada
Anschlussflug	el vuelo de conexión el 'wuelo de koneg'sjon
aufgeben	facturar faktu'rar
Ausgang	la salida la sa'lida
Bordkarte	la tarjeta de embarque la tar'cheta de‿em'barke
elektronisches Ticket	el billete electrónico el bi'jete‿elek'troniko
Flugbegleiter	el azafato el aθa'fato
Flugbegleiterin	la azafata la‿aθa'fata
Flughafen	el aeropuerto el aero'puerto
Flughafenbus	el autobús del aeropuerto el‿auto'wus del aero'puerto

Flughafengebühr	**la tasa de aeropuerto** la 'tasa de‿aero'puerto
Flugzeug	**el avión** el a'wjon
Gepäckausgabe	**la entrega de equipaje** la‿en'trega de‿eki'pache
Gepäckband	**la cinta de equipaje** la 'θinta de eki'pache
Gepäckschein	**el talón** el ta'lon
Handgepäck	**el equipaje de mano** el eki'pache de 'mano
Koffergurt	**la correa** la ko'rrea
Landung	**el aterrizaje** el aterri'θache
mobile Bordkarte	**la tarjeta de embarque móvil** la tar'cheta de‿em'barke 'mowil
Ortszeit	**la hora local** la‿'ora lo'kal
Reisetasche	**el bolso de viaje** el 'bolso de 'wjache
Rückflug	**el vuelo de vuelta** el 'wuelo de 'wuelta
Rucksack	**la mochila** la mo'tschila
Schalter	**el mostrador** el mostra'dor
Tasche	**el bolso** el 'bolso
Ticket	**el billete** el bi'jete
Übergepäck	**el sobrepeso** el sowre'peso
Verspätung	**el retraso** el re'traso
Zwischenlandung	**la escala** la‿es'kala

Auto, Motorrad

Vermietung

Ich möchte ► mieten.	Quisiera alquilar ► ki'sjera‿alki'lar ►
► ein Auto (mit Automatik)	► un coche (con dispositivo automático). un 'kotsche (kon disposi'tiwo‿auto'matiko).
► einen Geländewagen	► un todoterreno. un todoter'reno.
► ein Motorrad	► una moto. 'una 'moto.
► ein Wohnmobil	► una autocaravana. 'una‿autokara'wana.
Ich möchte es für ► mieten.	Quisiera alquilarlo para ► ki'sjera‿alki'larlo 'para ►
► morgen	► mañana. ma'njana.
► einen Tag	► un día. un 'dia.
► zwei Tage	► dos días. dos 'dias.
► eine Woche	► una semana. 'una se'mana.
Ich hätte gern einen Wagen mit Navi.	Quisiera un coche con GPS. ki'sjera‿un 'kotsche kon che-pe-'es.
Wie viel kostet das?	¿Cuánto cuesta? 'kwanto 'kuesta?

Wie viele Kilometer sind im Preis enthalten?	¿Cuántos kilómetros están incluidos en el precio? 'kwantos ki'lometros es'tan inklu'idos en el 'preθio?
Was muss ich tanken?	¿Qué gasolina tengo que poner? ke gaso'lina 'tengo ke po'ner?
Ist eine Vollkaskoversicherung eingeschlossen?	¿Está incluido un seguro a todo riesgo? es'ta‿inklu'ido‿un se'guro‿a 'todo 'rjesgo?
Kann ich das Auto auch in ... abgeben?	¿Puedo entregar el coche también en ...? 'puedo entre'gar el 'kotsche tam'bjen en ...?
Bis wann muss ich zurück sein?	¿Cuándo tengo que estar de vuelta? 'kwando 'tengo ke‿es'tar de 'wuelta?
Haben Sie einen Kinderautositz?	¿Tienen una silla de automóvil? 'tjenen 'una 'sija de auto'mowil?
Bitte geben Sie mir einen Sturzhelm.	Por favor, déme un casco. por fa'wor, 'deme un 'kasko.
Haben Sie eine Straßenkarte?	¿Tienen un mapa? 'tjenen un 'mapa?

Tankstelle

Wie weit ist es zur nächsten Tankstelle?	¿A qué distancia está la gasolinera más próxima? a ke dis'tanθja_es'ta la gasoli'nera mas 'progsima?
Wo ist die nächste Tankstelle?	¿Dónde está la gasolinera más próxima? 'donde_es'ta la gasoli'nera mas 'progsima?
Bitte volltanken.	Llene el depósito, por favor. 'jene_el de'posito, por fa'wor.
Bitte für ... Euro ▸	Póngame ... euros de ▸ 'pongame ... 'euros de ▸
▸ Benzin bleifrei.	▸ gasolina sin plomo. gaso'lina sim 'plomo.
▸ Super bleifrei.	▸ gasolina súper sin plomo. gaso'lina 'super sim 'plomo.
▸ Diesel.	▸ gasoil. ga'soil.
▸ Zweitakt-mischung.	▸ mezcla. 'meθkla.
Ich möchte ▸ Öl.	Quisiera ▸ de aceite. ki'sjera ▸ de_a'θäite.
▸ 1 Liter	▸ un litro un 'litro
▸ 2 Liter	▸ dos litros dos 'litros

Unfall

Rufen Sie bitte schnell ▸	¡Llame enseguida ▸ 'jame‿ense'gida ▸
▸ einen Krankenwagen!	▸ una ambulancia! 'una‿ambu'lanθia!
▸ die Polizei!	▸ a la policía! a la poliθia!
▸ die Feuerwehr!	▸ a los bomberos! a los bom'beros!
Es ist ein Unfall passiert!	¡Ha habido un accidente! a‿a'wido‿un agθi'dente!
... Personen sind (schwer) verletzt.	... personas han resultado heridas (de gravedad). ... per'sonas an resul'tado e'ridas (de grawe'dad).
Bitte helfen Sie mir.	¡Ayúdeme, por favor! a'judeme, por fa'wor!
Ich brauche Verbandszeug.	Necesito vendas. neθe'sito 'wendas.
Es ist nicht meine Schuld.	No es culpa mía. no‿es 'kulpa 'mia.
Ich möchte, dass wir die Polizei holen.	Quiero que avisemos a la policía. 'kjero ke‿awi'semos a la poli'θia.

Ich hatte Vorfahrt.	Yo tenía preferencia. jo te'nia prefe'renθia.
Bitte geben Sie mir Ihre Versicherung und Ihre Versicherungsnummer.	Por favor, dígame su seguro y su número de seguro. por fa'wor, 'digame su se'guro_i su 'numero de se'guro.
Bitte geben Sie mir Ihren Namen und Ihre Adresse.	Por favor, dígame su nombre y su dirección. por fa'wor, 'digame su 'nombre_i su direg'θjon.

Panne

Ich habe kein Benzin mehr.	El depósito está vacío. el de'posito_es'ta wa'θio.
Ich habe eine Reifenpanne.	Tengo una rueda pinchada. 'tengo_'una 'rueda pin'tschada.
Ich habe eine Motorpanne.	El motor está averiado. el mo'tor es'ta_awe'rjado.
Können Sie mir Starthilfe geben?	¿Puede ayudarme a arrancar? 'puede_aju'darme_a_arran'kar?
Können Sie mich ein Stück mitnehmen?	¿Podría usted llevarme un tramo? po'dria_us'te(d) je'warme_un 'tramo?

Können Sie mir bitte ... leihen?	Por favor, ¿puede prestarme ...? por fa'wor, 'puede pres'tarme ...?
Könnten Sie mir einen Abschleppwagen schicken?	¿Podría usted enviarme una grúa? po'dria‿us'te(d) em'bjarme‿'una 'grua?

Werkstatt

Wo ist die nächste Werkstatt?	¿Dónde está el taller más próximo? 'donde‿es'ta‿el ta'jer mas 'progsimo?
Mein Wagen steht (an der Straße nach) ...	Mi coche está (en la carretera de) ... mi 'kotsche‿es'ta (en la karre'tera de) ...
Können Sie ihn abschleppen?	¿Puede usted remolcarlo? 'puede‿us'te(d) remol'karlo?
Können Sie mal nachsehen?	¿Podría echar un vistazo? po'dria‿e'tschar um bis'taθo?
... funktioniert nicht.	... no funciona. ... no fun'θjona.
Mein Auto springt nicht an.	Mi coche no arranca. mi 'kotsche no‿a'rranka.
Die Batterie ist leer.	La batería está vacía. la wate'ria‿es'ta wa'θia.

Kann ich mit dem Auto noch fahren?	¿Puedo seguir circulando con el coche? 'puedo se'gir θirku'lando kon el 'kotsche?
Der Motor ▸	El motor ▸ el mo'tor ▸
▸ klingt merkwürdig.	▸ hace un ruido raro. 'aθe‿un 'ruido 'raro.
▸ zieht nicht.	▸ no tira. no 'tira.
Machen Sie bitte nur die nötigsten Reparaturen.	Por favor, haga sólo las reparaciones necesarias. por fa'wor, 'aga 'solo las reparaθjones neθe'sarias.
Wie viel wird die Reparatur ungefähr kosten?	¿Cuánto costarán aproximadamente las reparaciones? 'kwanto kosta'ran aprogsimada'mente las repara'θjones?
Wann ist es fertig?	¿Cuándo estará listo? 'kwando‿esta'ra 'listo?

Weitere Wörter

Abschleppseil	el cable de remolque el 'kawle de re'molke
Abschleppwagen	la grúa la 'grua
Achse	el eje el 'eche

Anlasser .... el arranque el a'rranke
Auffahrunfall .... el accidente en cadena
el agθi'dente‿en ka'dena
Auspuff .... el escape el es'kape
auswechseln .... cambiar kam'bjar
Autobahn .... la autopista la‿auto'pista
Autobahnauffahrt .... la entrada a la autopista
la‿en'trada‿a la‿auto'pista
Autoschlüssel .... las llaves del coche
las 'jawes del 'kotsche
Batterie .... la batería la wate'ria
Benzinkanister .... el bidón de gasolina
el wi'don de gaso'lina
Blinklicht .... el intermitente
el intermi'tente
Bremse .... el freno el 'freno
Bremsflüssigkeit .... el líquido de frenos
el 'likido de 'frenos
Bremslicht .... la luz de freno la luθ de 'freno
Dichtung .... la junta la 'chunta
Draht .... el alambre el a'lambre
Ersatzreifen .... el neumático de repuesto
el neu'matiko de re'puesto
Ersatzteil .... la pieza de recambio
la 'pjeθa de re'kambjo
fahren (Auto selbst steuern) .... conducir kondu'θir

Feuerlöscher	el extintor el estin'tor
Frostschutzmittel	el anticongelante el antikonche'lante
Führerschein	el carné de conducir el kar'ne de kondu'θir
Gang	la marcha la 'martscha
Gepäckträger	el portaequipajes el portaeki'paches
Getriebe	el cambio de marchas el 'kambjo de 'martschas
Glühbirne	la bombilla la wom'bija
grüne Versicherungskarte	la carta verde la 'karta 'werde
Handbremse	el freno de mano el 'freno de 'mano
Heizung	la calefacción la kalefa'gθjon
Helm	el casco el 'kasko
Hupe	la bocina la wo'θina
Kabel	el cable el 'kawle
kaputt	estropeado estrope'ado
Keilriemen	la correa del ventilador la ko'rrea del wentila'dor
Kfz-Schein	el permiso de circulación el per'miso de θirkula'θjon
Kilometer	el kilómetro el ki'lometro
Kindersitz	la silla de niño la 'sija de 'ninjo

Klimaanlage .... el aire acondicionado
el 'aire_akondiθjo'nado
Kotflügel .... el guardabarros
el guarda'warros
Kreuzschlüssel .... la llave cruciforme
la 'jawe kruθi'forme
Kühler .... el radiador el radja'dor
Kühlwasser .... el agua de refrigeración
el 'agua de refrichera'θjon
Kupplung .... el embrague el em'brage
Kurve .... la curva la 'kurwa
Lack .... la pintura la pin'tura
Landstraße .... la carretera la karre'tera
Leerlauf .... el punto muerto
el 'punto 'muerto
Lenkung .... la dirección la direg'θjon
Licht .... la luz la luθ
Lichtmaschine .... la dínamo la 'dinamo
Luftfilter .... el filtro de aire
el 'filtro de_aire
Maut .... el peaje el pe'ache
Mautstelle .... el puesto de peaje
el 'puesto de pe'ache
Motor .... el motor el mo'tor
Motorhaube .... el capó el ka'po
Motoröl .... el aceite para el motor
el a'θäite 'para_el mo'tor

Motorrad .... la moto la 'moto
Navigationssystem ... el navegador GPS el nawega'dor chepe'ese
Ölwechsel .... el cambio de aceite el 'kambjo de_a'θäite
parken .... aparcar apar'kar
Parkhaus .... el parking el 'parking
Parkplatz .... el aparcamiento el aparka'mjento
Parkscheibe .... el disco de estacionamiento el 'disko de_estaθjona'mjento
Parkuhr .... el parquímetro el par'kimetro
Parkverbot .... prohibido aparcar proi'wido_apar'kar
Rad .... la rueda la 'rueda
Raststätte .... el restaurante de autopista el restau'rante de_auto'pista
Reifen .... el neumático el ne-u'matiko
Reifendruck .... la presión de los neumáticos la pre'sjon de los ne-u'matikos
Reparatur .... la reparación la repara'θjon
reparieren .... reparar repa'rar
Reservekanister .... el bidón de reserva el wi'don de re'serwa
Reservereifen .... el neumático de repuesto el ne-u'matiko de re'puesto
Rücklicht .... la luz trasera la luθ tra'sera

Rückspiegel	el espejo retrovisor el es'pecho retrowi'sor
Schalter	el interruptor el interrup'tor
Scheibenwischer	el limpiaparabrisas el limpiapara'wrisas
Scheibenwischer-blätter	las escobillas las esko'wijas
Scheinwerfer	el faro el 'faro
Schiebedach	el techo corredizo el 'tetscho korre'diθo
Schmirgelpapier	el papel de lija el pa'pel de 'licha
Schneeketten	las cadenas las ka'denas
Schraube	el tornillo el tor'nijo
Schraubenschlüssel	la llave de tuercas la 'jawe de 'tuerkas
Schraubenzieher	el destornillador el destornija'dor
Sicherheitsgurt	el cinturón de seguridad el θintu'ron de seguri'da(d)
Sicherung	el fusible el fu'siwle
Spiegel	el espejo el es'pecho
Starter	el arranque el a'rranke
Starthilfekabel	los cables de empalme los 'kawles de‿em'palme
Steckschlüssel	la llave tubular la 'jawe tuwu'lar

Stoßdämpfer .... el amortiguador
el amortigua'dor
Stoßstange .... el parachoques
el para'tschokes
Tachometer .... el velocímetro
el welo'θimetro
Tankstelle .... la gasolinera la gasoli'nera
Trichter .... el embudo el em'budo
Unfall .... el accidente el agθi'dente
Unfallprotokoll .... el atestado el ates'tado
Ventil .... la válvula la 'walwula
Verbandskasten .... el botiquín el boti'kin
Vergaser .... el carburador el karwura'dor
Vorfahrt .... la preferencia la prefe'renθia
Wagenheber .... el gato el 'gato
Warndreieck .... el triángulo de avería
el tri'angulo de‿awe'ria
Werkstatt .... el taller el ta'jer
Werkzeug .... la herramienta la‿erra'mjenta
Wohnmobil .... la caravana la kara'wana
Zange .... las tenazas las te'naθas
Zeuge .... el testigo el tes'tigo
Zündkabel .... el cable de encendido
el 'kawle de‿enθen'dido
Zündkerze .... la bujía la wu'chia
Zündung .... el encendido el enθen'dido
Zusammenstoß .... la colisión la koli'sjon

Zug

Auskunft und Fahrkarten

Wo finde ich die ▸	¿Dónde está la ▸ 'donde_es'ta la ▸
▸ Gepäckaufbewahrung?	▸ consigna? kon'signa?
▸ Schließfächer?	▸ consigna automática? kon'signa_auto'matika?
Wann fährt der nächste Zug nach ...?	¿Cuándo sale el próximo tren para ...? 'kwando 'sale_el 'progsimo tren 'para ...?
Wann ist er in ...?	¿A qué hora llega a ...? a ke_'ora 'jega_a ...?
Muss ich umsteigen?	¿Tengo que hacer trasbordo? 'tengo ke_a'θer tras'wordo?
Von welchem Gleis fährt der Zug nach ...?	¿De qué vía sale el tren para ...? de ke 'wia 'sale_el tren 'para ...?
Was kostet eine Fahrkarte nach ...?	¿Cuánto vale el billete a ...? 'kwanto 'wale_el wi'jete_a ...?
Gibt es eine Ermäßigung für ...?	¿Hay descuento para ...? ai des'kuento 'para ...?

Ist dieser Zug zuschlagpflichtig?	¿Hay que pagar suplemento? ai ke pa'gar suple'mento?
Bitte zwei Karten nach ...	Por favor, dos billetes para ... por fa'wor, dos bi'jetes 'para ...
Bitte eine Karte ►	Un billete ► Um bi'jete ►
► einfach.	► de ida. de_'ida.
► hin und zurück.	► de ida y vuelta. de_'ida_i 'wuelta.
► erster Klasse.	► de primera clase. de pri'mera 'klase.
► zweiter Klasse.	► de segunda clase. de se'gunda 'klase.
► für Kinder.	► para niños. 'para 'ninjos.
► für Erwachsene.	► para adultos. 'para_a'dultos.
Bitte eine Platzkarte für den Zug um ... Uhr nach ...	Una reserva de asiento para el tren de las ... para ... 'una re'serwa de_a'sjento 'para_el tren de las ... 'para ...
Ich hätte gern einen ►	Quisiera un asiento junto ► ki'siera_un a'sjento 'chunto ►
► Fensterplatz.	► a la ventana. a la wen'tana.
► Platz am Gang.	► al pasillo. al pa'sijo.

Im Zug

Ist dies der Zug nach ...? — ¿Es éste el tren para ...? es 'este_el tren 'para ...?

Könnten Sie mir bitte beim ► helfen? — ¿Podría ayudarme a ►, por favor? po'dria_aju'darme a ►, por fa'wor?

► Einsteigen — ► subir su'wir

► Aussteigen — ► bajar 'wachar

Ist dieser Platz frei? — ¿Está libre este asiento? es'ta 'liwre_'este_a'sjento?

Entschuldigen Sie, das ist mein Platz. — Perdone, éste es mi asiento. per'done, 'este_es mi_a'sjento.

Können Sie mir bitte helfen? — ¿Podría usted ayudarme? po'dria_us'te(d) aju'darme?

Wie viele Stationen sind es noch bis ...? — ¿Cuántas estaciones quedan para ...? 'kwantas esta'θjones 'kedan 'para ...?

Erreiche ich den Zug nach ... noch? — ¿Llegaré a tiempo para enlazar con el tren de ...? jega're_a 'tjempo 'para_enla'θar kon el tren de ...?

Weitere Wörter

Abfahrt .... la salida la sa'lida
Abteil .... el compartimento el komparti'mento
ankommen .... llegar je'gar
Ankunft .... la llegada la je'gada
Anschluss .... el enlace el en'laθe
Ausgang .... la salida la sa'lida
aussteigen .... bajar ba'char
Bahnhof .... la estación de trenes la_esta'θjon de 'trenes
Bahnsteig .... el andén el an'den
besetzt .... ocupado oku'pado
einsteigen .... subir su'wir
Ermäßigung .... el descuento el des'kuento
Fahrplan .... el horario el o'rario
Fahrpreis .... el precio del billete el 'preθio del wi'jete
Gepäckwagen .... el vagón de equipaje el wa'gon de_eki'pache
Gleis .... la vía la 'wia
Klasse .... la clase la 'klase
Liegewagen .... el coche-litera el 'kotsche-li'tera
Platz .... el asiento el a'sjento
reserviert .... reservado reser'wado
Schaffner .... el revisor el rewi'sor

Schlafwagen	el coche-cama el 'kotsche-'kama
Schließfächer	la consigna automática la kon'signa_auto'matika
Speisewagen	el coche-restaurante el 'kotsche-restau'rante
umsteigen	hacer trasbordo a'θer tras'wordo
Waggon	el vagón el wa'gon
Zuschlag	el suplemento el suple'mento

Fernbus

Wann fährt der nächste Bus nach ...?	¿Cuándo sale el próximo autobús para ...? 'kwando 'sale_el 'progsimo_auto'wus 'para ...?
Bitte eine Karte nach ...	Por favor, un billete para ... por fa'wor, um bi'jete 'para ...
Bitte zwei Karten nach ...	Por favor, dos billetes para ... por fa'wor, dos wi'jetes 'para ...
Ist dies der Bus nach ...?	¿Es éste el autobús para ...? es 'este el_auto'wus para ...?
Wie lange haben wir Aufenthalt?	¿Cuánto tiempo se para? 'kwanto 'tjempo se 'para?

Wie lange dauert die Fahrt?	¿Cuánto dura el viaje? 'kwanto 'dura‿el 'wjache?
Ist ... die Endhaltestelle?	¿Es ... la última parada? es ... la‿'ultima pa'rada?
Sagen Sie mir bitte, wo ich aussteigen muss?	Por favor, dígame dónde tengo que bajar. por fa'wor, 'digame 'donde 'tengo ke wa'char.

Schiff & Fähre

Wann geht das nächste Schiff nach ...?	¿A qué hora sale el próximo barco para ...? a ke‿'ora 'sale‿el 'progsimo 'warko 'para ...?
Wann geht die nächste Fähre nach ...?	¿A qué hora sale el próximo ferry para ...? a ke‿'ora 'sale‿el 'progsimo 'ferri 'para ...?
Wie lange dauert die Überfahrt nach ...?	¿Cuánto tiempo dura la travesía a ...? 'kwanto 'tjempo 'dura la trawe'sia‿a ...?
Wann müssen wir an Bord sein?	¿Cuándo tenemos que estar a bordo? 'kwando te'nemos ke‿es'tar a 'wordo?

Ich möchte mein Auto mitnehmen.	Quisiera llevar mi coche. ki'sjera je'war mi 'kotsche.
Bitte eine Schiffskarte nach ...	Por favor, un pasaje para ... por fa'wor, um pa'sache 'para ...
Ich möchte ▸	Quisiera ▸ ki'sjera ▸
▸ eine Einzelkabine.	▸ un camarote individual. un kama'rote‿indiwi'dual.
▸ eine Zweibettkabine.	▸ un camarote doble. un kama'rote 'dowle.
▸ eine Außenkabine.	▸ un camarote exterior. un kama'rote‿este'rjor.
▸ eine Innenkabine.	▸ un camarote interior. un kama'rote‿inte'rjor.
Eine Karte für die Rundfahrt um ... Uhr bitte.	Por favor, un billete para el crucero de las ... por fa'wor, um bi'jete 'para el kru'θero de las ...
An welcher Anlegestelle liegt die ...?	¿Dónde está atracado el ...? 'donde‿es'ta‿atra'kado‿el ...?
Haben Sie ein Mittel gegen Seekrankheit?	¿Tiene usted un medicamento contra el mareo? 'tjene‿us'te(d) un medika'mento 'kontra‿el ma'reo?

Weitere Wörter

Anlegestelle	el atracadero el atraka'dero
Autofähre	el transbordador de coches el transworda'dor de 'kotsches
Deck	la cubierta la ku'bjerta
Kapitän	el capitán el kapi'tan
Kreuzfahrt	el crucero el kru'θero
Küste	la costa la 'kosta
Liegestuhl	la tumbona la tum'bona
Rettungsboot	el bote salvavidas el 'wote salwa'widas
Rettungsring	el salvavidas el salwa'widas
Rundfahrt	la vuelta la 'wuelta
Schiffsagentur	la agencia marítima la‿a'chenθja ma'ritima
Schwimmweste	el chaleco salvavidas el tscha'leko salwa'widas
Seegang	la marejada la mare'chada
seekrank	mareado mare'ado
Sonnendeck	la cubierta de sol la ku'wjerta de sol
Speisesaal	el comedor el kome'dor
Steward	el camarero el kama'rero
Tragflächenboot	el hidroala el idro'ala
Überfahrt	la travesía la trawe'sia
Vierbettkabine	el camarote de cuatro camas el kama'rote de 'kuatro 'kamas

Nahverkehr

Wo ist ▸	¿Dónde está ▸ 'donde‿es'ta ▸
▸ die nächste U-Bahn-Station?	▸ la próxima estación de metro? la 'progsima esta'θjon de 'metro?
▸ die nächste Bushaltestelle?	▸ la próxima parada de autobús? la 'progsima pa'rada de‿auto'wus?
▸ die nächste Straßenbahn-haltestelle?	▸ la próxima parada de tranvía? la 'progsima pa'rada de tram'bia?
Wo hält der Bus nach ...?	¿Dónde para el autobús para ...? 'donde 'para‿el‿auto'wus 'para ...?
Welcher Bus fährt nach ...?	¿Qué autobús va a ...? ke‿auto'wus wa‿a ...?
Welche U-Bahn fährt nach ...?	¿Qué metro va a ...? ke‿'metro wa‿a ...?
Wann fährt der nächste Bus nach ...?	¿A qué hora sale el próximo autobús para ...? a ke‿'ora 'sale el 'progsimo‿auto'wus 'para ...?
Wann fährt die nächste U-Bahn nach ...?	¿A qué hora sale el próximo metro para ...? a ke‿'ora 'sale el 'progsimo‿'metro 'para ...?

Wann fährt der letzte Bus?	¿Cuándo sale el último autobús? 'kwando 'sale el_'ultimo_auto'wus?
Fährt dieser Bus nach ...?	¿Este autobús va a ...? 'este_auto'wus wa a ...?
Gibt es Niederflurbusse?	¿Hay autobuses con suelo bajo? ai_auto'wuses kon 'suelo 'wacho?
Muss ich nach ... umsteigen?	¿Tengo que cambiar de línea para ...? 'tengo ke kam'bjar de 'linea 'para ...?
Könnten Sie mir bitte beim ▸ helfen?	¿Podría ayudarme a ▸, por favor? po'dria_aju'darme_a ▸, por fa'wor?
▸ Einsteigen	▸ subir su'wir
▸ Aussteigen	▸ bajar 'wachar
Sagen Sie mir bitte, wo ich ▸ muss?	Por favor, dígame dónde tengo que ▸ por fa'wor, 'digame 'donde 'tengo ke ▸
▸ aussteigen	▸ bajar. wa'char.
▸ umsteigen	▸ cambiar. kam'bjar.
Wo gibt es die Fahrscheine?	¿Dónde se compran los billetes? 'donde se 'kompran los wi'jetes?

Bitte einen Fahrschein nach ...	Por favor, un billete para ... por fa'wor, um bi'jete 'para ...
Gibt es ▸	¿Hay ▸ ai ▸
▸ Tageskarten?	▸ billetes para un día? wi'jetes 'para_un 'dia?
▸ Mehrfahrtenkarten?	▸ bonobuses? bono'wuses?
▸ Wochenkarten?	▸ billetes semanales? wi'jetes sema'nales?

Weitere Wörter

Abfahrt	la salida la sa'lida
aussteigen	bajar ba'char
Bushaltestelle	la parada de autobuses la pa'rada de_auto'wuses
Endstation	la terminal la termi'nal
entwerten	cancelar kanθe'lar
Fahrer	el conductor el konduk'tor
Fahrkarte	el billete el wi'jete
Fahrkartenautomat	la máquina expendedora de billetes la 'makina_espende'dora de wi'jetes
Fahrplan	el horario el o'rario
Fahrpreis	el precio del billete el 'preθio del wi'jete

Fahrstuhl .... el ascensor el asθen'sor
halten .... parar pa'rar
Haltestelle .... la parada la pa'rada
Richtung .... la dirección la direg'θjon
S-Bahn .... el tren de cercanías el tren de θerka'nias
Schaffner .... el revisor el rewi'sor
Stadtzentrum .... el centro de la ciudad el 'θentro de la θiu'da(d)
stufenlos .... sin escalones sin eska'lones
Taxistand .... la parada de taxis la pa'rada de 'tagsis
umsteigen .... cambiar kam'bjar

Taxi

Wo bekomme ich ein Taxi? — ¿Dónde puedo conseguir un taxi? 'donde 'puedo konse'gir un 'tagsi?

Bitte bestellen Sie mir für (morgen um) ... Uhr ein Taxi. — Por favor, pídame un taxi (para mañana) a las .... por fa'wor, 'pidame‿un 'tagsi ('para ma'njana) a las ....

Sind Sie frei? — ¿Está libre? es'ta 'liwre?

Wie viel kostet es nach ...? — ¿Cuánto cuesta a ...? 'kwanto 'kuesta‿a ...?

Bitte ►	Por favor, ► por fa'wor, ►
► zum Bahnhof!	► a la estación. a la‿esta'θjon.
► zum Flughafen!	► al aeropuerto. al aero'puerto.
► zum Hotel ...!	► al hotel ... al o'tel ...
► in die Innenstadt!	► al centro de la ciudad. al 'θentro de la θiu'da(d).
► in die ... Straße!	► a la calle ... a la 'kaje ...
► zu einem guten Club!	► a un club de moda! a un klub de 'moda!
Man hat mir (im Hotel) gesagt, dass es nur ... kostet.	Me han dicho (en el hotel) que sólo cuesta ... euros. me‿an 'ditscho (en el o'tel) ke 'solo 'kuesta ... 'euros.
Bitte schalten Sie den Taxameter ein.	Por favor, ponga el taxímetro. por fa'wor, 'ponga‿el ta'ximetro.
Warten Sie hier bitte (einen Augenblick)!	Espere (un momento) aquí, por favor. es'pere (un mo'mento) a'ki, por fa'wor.
Halten Sie hier bitte (einen Augenblick)!	Pare (un momento) aquí, por favor. 'pare (un mo'mento) a'ki, por fa'wor.
Das Wechselgeld ist für Sie!	¡Quédese con el cambio! 'kedese kon el 'kambjo!

Übernachten

Zimmersuche

Wissen Sie, wo ich hier ein Zimmer finden kann?	¿Sabe usted dónde puedo encontrar una habitación? 'sawe‿us'te(d) 'donde 'puedo‿enkon'trar 'una‿awita'θjon?
Können Sie mir ► empfehlen?	¿Puede usted recomendarme ► 'puede‿us'te(d) rekomen'darme ►
► ein gutes Hotel	► un buen hotel? um buen o'tel?
► ein preiswertes Hotel	► un hotel económico? un o'tel eko'nomiko?
► eine Pension	► una pensión? 'una pen'sjon?
► eine Privatunterkunft	► un alojamiento en una casa particular? un alocha'mjento en 'una 'kasa partiku'lar?
Wie viel kostet es (ungefähr)?	¿Cuánto cuesta (aproximadamente)? 'kwanto 'kuesta (aprogsimada'mente)?
Können Sie für mich dort reservieren?	¿Puede hacerme una reserva allí? 'puede‿aθerme 'una re'serwa a'ji?
Ist es weit von hier?	¿Está lejos de aquí? es'ta 'lechos de a'ki?

Gibt es hier ▸	¿Hay por aquí cerca un ▸ ai por‿a'ki 'θerka‿un ▸
▸ eine Jugend-herberge?	▸ albergue juvenil? al'werge chuwe'nil?
▸ einen Camping-platz?	▸ camping? 'kamping?
Wie komme ich dorthin?	¿Cómo llego allí? 'komo 'jego‿aji?

Hotel

Ankunft

Ich habe ein Zimmer reserviert auf den Namen ...	He reservado una habitación a nombre de ... e reser'wado 'una‿awita'θjon a 'nombre de ...
Haben Sie ein Einzelzimmer frei?	¿Tienen alguna habitación individual libre? 'tjenen al'guna‿awita'θjon indiwi'dual 'liwre?

Info Im Hotel können Sie ein Doppelzimmer mit einem großen Bett (cama matrimonial) oder mit zwei getrennten Betten (camas individuales) bekommen. Sagen Sie bei der Anmeldung, was Sie lieber möchten.

Haben Sie ein Doppelzimmer frei ►	¿Tienen alguna habitación doble libre ► 'tjenen al'guna awita'θjon 'dowle 'liwre ►
► für eine Nacht?	► para una noche? 'para_'una 'notsche?
► für ... Nächte?	► para ... noches? 'para ... 'notsches?
► mit Bad?	► con baño? kom 'banjo?
► mit Balkon?	► con terraza? kon ter'raθa?
► mit Klimaanlage?	► con aire acondicionado? kon 'aire_akondiθjo'nado?
► mit Ventilator?	► con ventilador? kom bentila'dor?
► mit Blick aufs Meer?	► con vistas al mar? kom 'bistas al mar?
► nach hinten hinaus?	► que dé a la parte de atrás? ke de_a la 'parte de_a'tras?

Das könnten Sie hören:

Lo siento, pero no nos queda nada libre.
lo 'sjento, 'pero no nos 'keda 'nada 'liwre.
Wir sind leider ausgebucht.

Gibt es für ... Nächte eine Ermäßigung?	¿Hay descuento para estancias de ... noches? ai des'kuento 'para_es'tanθjas de ...'notsches?

Wie viel kostet es ▸	¿Cuánto cuesta ▸ 'kwanto 'kuesta ▸
▸ mit Frühstück?	▸ con desayuno? kon desa'juno?
▸ ohne Frühstück?	▸ sin desayuno? sin desa'juno?
▸ mit Halbpension?	▸ con media pensión? kon 'media pen'sjon?
▸ mit Vollpension?	▸ con pensión completa? kom pen'sjon kom'pleta?
Gibt es WLAN ▸	¿Hay wifi ▸ ai 'wifi ▸
▸ in der Lobby?	▸ en el hall? en el all?
▸ auf den Zimmern?	▸ en las habitaciones? en las awita'θjones?
Wie ist das WLAN-Passwort?	¿Cuál es la contraseña del wifi? kual es la kontra'senja del 'wifi?
Kann ich mir das Zimmer ansehen?	¿Puedo ver la habitación? 'puedo wer la‿awita'θjon?
Haben Sie noch ein anderes Zimmer?	¿Tienen otra habitación libre? 'tjenen 'otra‿awita'θjon 'liwre?
Es ist sehr schön. Ich nehme es.	Me gusta mucho. Me quedo con ella. me 'gusta 'mutscho. me 'kedo kon 'eja.
Gibt es eine Kinderbetreuung?	¿Hay guardería infantil? ai guarde'ria‿imfan'til?

Könnten Sie ein Kinderbett aufstellen?	¿Podrían poner una cama-cuna en la habitación? po'drian po'ner 'una 'kama-'kuna‿en la‿awita'θjon?
Wo kann ich meinen Wagen abstellen?	¿Dónde puedo dejar el coche? 'donde 'puedo de'char el 'kotsche?
Wann gibt es Frühstück?	¿Desde qué hora y hasta qué hora se sirve el desayuno? 'desde ke‿'ora‿i‿'asta ke‿'ora se 'sirwe‿el desa'juno?
Wo ist der Speisesaal?	¿Dónde está el comedor? 'donde‿es'ta el kome'dor?

Service

Bitte den Schlüssel für Zimmer ...	Por favor, la llave de la habitación ... por fa'wor, la 'jawe de la‿awita'θjon ...
Kann ich bitte noch ▸ haben?	¿Podría darme ▸ po'dria 'darme ▸
▸ eine Decke	▸ una manta? 'una 'manta?
▸ ein Handtuch	▸ una toalla? 'una to'aja?
▸ ein paar Kleiderbügel	▸ algunas perchas? al'gunas 'pertschas?
▸ ein Kopfkissen	▸ una almohada? 'una‿almo'ada?

Kann ich Ihnen meine Wertsachen zur Aufbewahrung geben?	**¿Puedo depositar aquí los objetos de valor?** 'puedo deposi'tar a'ki los ow'chetos de wa'lor?
Ich möchte meine Wertsachen abholen.	**Quiero recoger mis objetos de valor.** 'kjero reko'cher mis ow'chetos de wa'lor.
Kann ich bitte noch ▸ haben?	**¿Podría darme ▸** po'dria 'darme ▸
▸ eine Decke	▸ **una manta?** 'una 'manta?
▸ ein Handtuch	▸ **una toalla?** 'una to'aja?
▸ ein paar Kleiderbügel	▸ **algunas perchas?** al'gunas 'pertschas?
▸ ein Kopfkissen	▸ **una almohada?** 'una‿almo'ada?
Das Fenster geht nicht auf.	**La ventana no se puede abrir.** la ven'tana no se 'puede a'wrir.
Es kommt kein (warmes) Wasser.	**No hay agua (caliente).** no‿ai‿'agua (ka'ljente).
Der Wasserhahn tropft.	**El grifo gotea.** el 'grifo go'tea.
... ist schmutzig.	**... está sucio.** ... es'ta 'suθjo.
... funktioniert nicht.	**... no funciona.** ... no fun'θjona.

Abreise

Wecken Sie mich bitte (morgen) um ... Uhr.	Por favor, despiérteme (mañana) a las ... por fa'wor, des'pjerteme (ma'njana)‿a las ...
Wir reisen morgen ab.	Mañana salimos. ma'njana sa'limos.
Machen Sie bitte die Rechnung fertig.	¿Nos puede preparar la cuenta, por favor? nos 'puede prepa'rar la 'kuenta, por fa'wor?
Kann ich mit ▸ zahlen?	¿Puedo pagar con tarjeta ▸ 'puedo pa'gar kon tar'cheta ▸
▸ EC-Karte	▸ de débito? de 'debito?
▸ Kreditkarte	▸ de crédito? de 'kredito?
Es war sehr schön hier.	Me ha gustado mucho estar aquí. me‿a gus'tado 'mutscho‿es'tar‿a'ki.
Bis wann muss man auschecken?	¿Hasta qué hora hay que dejar la habitación? 'asta ke‿'ora‿ai ke de'char la‿awita'θjon?
Kann ich später auschecken?	¿Puedo dejar la habitación más tarde? 'puedo de'char la‿awita'θjon mas 'tarde?

Kann ich mein Gepäck noch bis ... Uhr hierlassen?	¿Puedo dejar mi equipaje aquí hasta las ...? 'puedo de'char mi‿eki'pache‿a'ki‿'asta las ...?
Rufen Sie bitte ein Taxi.	Llame a un taxi, por favor. 'jame‿a‿un 'tagsi, por fa'wor.

Ferienwohnung, Privatunterkunft

Wir haben die Wohnung ... gemietet.	Hemos alquilado el piso ... 'emos alki'lado‿el 'piso ...
Wo können wir das Auto abstellen?	¿Dónde podemos dejar el coche? 'donde po'demos de'char‿el 'kotsche?
Erklären Sie uns bitte, wie ▸ funktioniert?	¿Por favor, puede explicarnos cómo funciona ▸ por fa'wor, 'puede‿espli'karnos 'komo fun'θjona ▸
▸ die Spülmaschine	▸ el lavavajillas? el lawawa'chijas?
▸ der Herd	▸ la cocina? la ko'θina?
▸ die Waschmaschine	▸ la lavadora? la lawa'dora?
Wir brauchen noch Bettwäsche.	Necesitamos ropa de cama. neθesi'tamos 'ropa de 'kama.

chen noch ücher.	**Necesitamos paños de cocina.** neθesi'tamos 'panjos de ko'θina.
Wo ist der Sicherungskasten?	**¿Dónde está la caja de los fusibles?** 'donde_es'ta la 'kacha de los fu'siwles?
Wohin kommt der Müll?	**¿Dónde se deja la basura?** 'donde se 'decha la wa'sura?
Wo ist ▸	**¿Dónde está ▸** 'donde_es'ta ▸
▸ die nächste Bushaltestelle?	▸ **la parada de autobús más próxima?** la pa'rada de_autowus mas 'progsima?
▸ ein Lebensmittelgeschäft?	▸ **una tienda de comestibles?** 'una 'tjenda de komes'tiwles?
▸ eine Bäckerei?	▸ **una panadería?** 'una panade'ria?
Ich möchte ein Taxi bestellen für ... um ... Uhr.	**Querría pedir un taxi para ... a las ... horas.** ker'ria pe'dir un 'taksi 'para ... a las ... 'oras
Bitte schicken Sie mir ein Taxi.	**Mándeme un taxi, por favor.** mandeme un 'taksi por fa'wor
Die Adresse ist ...	**La dirección es ...** la direg'θion es ...

Camping

Haben Sie noch Platz für ...?	¿Les queda todavía algún sitio libre para ...? les 'keda toda'wia_al'gun 'sitio 'liwre 'para ...?
Wie hoch ist die Gebühr für ►	¿Cuánto hay que pagar por ► 'kwanto_ai ke pa'gar por ►
► zwei Erwachsene und ... Kinder?	► dos adultos y ... niños? dos a'dultos i ... 'ninjos?
► einen Pkw mit Wohnwagen?	► un coche con caravana? un 'kotsche kon kara'wana?
► ein Wohnmobil?	► una autocaravana? 'una_autokara'wana?
► ein Zelt?	► una tienda? 'una 'tjenda?
Vermieten Sie auch ►	¿Se alquilan también ► se_al'kilan tam'bjen ►
► Bungalows?	► bungalós? bunga'los?
► Wohnwagen?	► caravanas? kara'wanas?
Wir möchten ... Tage bleiben.	Queremos quedarnos ... días. ke'remos ke'darnos ... 'dias.
Wo sind die ►	¿Dónde están los ► 'donde_es'tan los ►
► Waschräume?	► lavabos? la'wawos?
► Toiletten?	► servicios? ser'wiθios?

Wo können wir ▸ aufstellen?	¿Dónde podemos ▸ 'donde po'demos ▸
▸ unser Zelt	▸ montar la tienda? mon'tar la 'tjenda?
▸ unseren Wohnwagen	▸ poner la caravana? po'ner la kara'wana?
Wo kann ich das Chemieklo entsorgen?	¿Dónde puedo desechar el sanitario? 'donde 'puedo dese'tschar‿el sani'tario?
Kann ich hier Gasflaschen ▸	¿Se pueden ▸ aquí bombonas? se 'pueden ▸ a'ki wom'bonas?
▸ kaufen?	▸ comprar kom'prar
▸ umtauschen?	▸ cambiar kam'bjar
Gibt es hier Stromanschluss?	¿Hay aquí toma de corriente? ai‿a'ki 'toma de kor'rjente?

Weitere Wörter

abreisen	salir sa'lir
Adapter	el adaptador el adapta'dor
Anmeldung	la inscripción la‿inskrip'θjon
Anzahlung	la señal la se'njal
Appartement	el apartamento el aparta'mento
Aschenbecher	el cenicero el θeni'θero

Aufzug .... el ascensor el asθen'sor
Bademantel .... el albornoz el alwor'noθ
Badewanne .... la bañera la wa'njera
Beanstandung .... la reclamación la reklama'θjon
Besen .... la escoba la‿es'kowa
Bett .... la cama la 'kama
Bettdecke .... la manta la 'manta
Bettlaken .... la sábana la 'sawana
Bettwäsche .... la ropa de cama
la 'ropa de 'kama
Bügeleisen .... la plancha la 'plancha
Bungalow .... el bungaló el bunga'lo
Campingplatz .... el camping el 'kamping
Decke .... la manta la 'manta
Doppelbett .... la cama de matrimonio
la 'kama de matri'monio
Dusche .... la ducha la 'dutscha
Einzelbett .... la cama individual
la 'kama‿indiwi'dual
Empfang .... la recepción la reθep'θjon
Endreinigung .... la limpieza general
la lim'pjeθa chene'ral
Etage .... el piso el 'piso
Etagenbetten .... las literas las li'teras
Fenster .... la ventana la wen'tana
Ferienhaus .... la casa para las vacaciones
la 'kasa 'para las waka'θjones

Ferienwohnung .... el apartamento para las vacaciones el aparta'mento 'para las waka'θjones
Fernseher .... el televisor el telewi'sor
Foyer .... el hall el chol
Frühstücksbüfett .... el bufet de desayuno el bu'fet de desa'juno
Frühstücksraum .... la sala de desayuno la 'sala de desa'juno
Gaskartusche .... el cartucho el kar'tutscho
Geschirr .... la vajilla la wa'chija
Geschirrtuch .... el paño de cocina el 'panjo de ko'θina
Glas .... el vaso el 'waso
Glühbirne .... la bombilla la wom'bija
Hammer .... el martillo el mar'tijo
Handtuch .... la toalla la to'aja
Hauptsaison .... la temporada alta la tempo'rada_'alta
Heizung .... la calefacción la kalefag'θjon
Herd .... la cocina la ko'θina
Hering .... el piquete el pi'kete
Hotelkärtchen .... la tarjeta (de visita) del hotel la tar'cheta (de wi'sita) del o'tel
Internetanschluss .... la conexión a Internet la koneg'sjon a inter'net

Isomatte	la esterilla aislante la_este'rija_ais'lante
Jugendherberge	el albergue juvenil el al'werge chuwe'nil
Kaffeemaschine	la cafetera la kafe'tera
Kamin	la chimenea la tschime'nea
Kaminholz	la leña la 'lenja
kaputt	roto 'roto
Kaution	el depósito el de'posito
Kinderbett	la cama-cuna la 'kama-'kuna
Kleiderbügel	la percha la 'pertscha
Kocher	el hornillo el or'nijo
Kopfkissen	la almohada la_almo'ada
Kühlschrank	la nevera la ne'wera
Lampe	la lámpara la 'lampara
Leihgebühr	el alquiler el alki'ler
Licht	la luz la luθ
Luftmatratze	la colchoneta hinchable la koltscho'neta in'tschawle
Matratze	el colchón el kol'tschon
Miete	el alquiler el alki'ler
mieten	alquilar alki'lar
Minibar	el minibar el mini'war
Moskitonetz	la mosquitera la moski'tera
Nachsaison	la temporada baja la tempo'rada 'wacha

Netzspannung	el voltaje el wol'tache
Nichtraucherzimmer	la habitación no fumadores la awita'θion no fuma'dores
Notausgang	la salida de emergencia la sa'lida de‿emer'chenθja
Pfanne	la sartén la sar'ten
Rechnung	la cuenta la 'kuenta
reservieren	reservar reser'war
reserviert	reservado reser'wado
Rezeption	la recepción la reθep'θjon
Safe	la caja fuerte la 'kacha 'fuerte
Schlafsaal	el dormitorio el dormi'torio
Schlafsack	el saco de dormir el 'sako de dor'mir
Schlüssel	la llave la 'jawe
schmutzig	sucio 'suθjo
Schrank	el armario el ar'mario
Sessel	el sillón el si'jon
Sicherung	los fusibles los fu'siwles
Spiegel	el espejo el es'pecho
Steckdose	el enchufe el en'tschufe
Stecker	el enchufe macho el en'tschufe 'matscho
Strom	la corriente la kor'rjente
Stuhl	la silla la 'sija
Swimmingpool	la piscina la pis'θina
Telefon	el teléfono el te'lefono

Terrasse	la terraza	la ter'raθa
Tisch	la mesa	la 'mesa
Toilette	los servicios	los ser'wiθjos
Toilettenpapier	el papel higiénico	el pa'pel i'chjeniko
Topf	la cacerola	la kaθe'rola
Trinkwasser	el agua potable	el 'agua po'tawle
Ventilator	el ventilador	el wentila'dor
Verlängerungskabel	el alargador	el alarga'dor
Verlängerungswoche	la semana adicional	la se'mana‿adiθjo'nal
Voranmeldung	la preinscripción	la preinskrib'θjon
Vorsaison	la temporada baja	la tempo'rada 'wacha
Waschbecken	el lavabo	el la'wawo
waschen	lavar	la'war
Wäschetrockner	la secadora	la seka'dora
Waschmaschine	la lavadora	la lawa'dora
Waschraum	el lavadero	el lawa'dero
Wasser	el agua	el 'agua
Wasserhahn	el grifo	el 'grifo
Wasserkocher	el hervidor de agua	el erwi'dor de‿'agua
zelten	acampar	akam'par
Zimmer	la habitación	la‿awita'θjon

Essen & Trinken

Desayuno

Frühstück

café con leche ka'fe kon 'letsche	Milchkaffee
café ka'fe	Kaffee
café solo ka'fe 'solo	schwarzer Kaffee *(Espresso)*
chocolate tschoko'late	Schokolade
churros 'tschurros	Schmalzkringel
cortado kor'tado	Espresso mit Milch
cruasán krua'san	Croissant
embutido embu'tido	Wurst
huevo 'uewo	Ei
huevo duro 'uewo 'duro	hart gekochtes Ei
huevo frito 'uewo 'frito	Spiegelei
huevo pasado por agua 'uewo pa'sado por 'agua	weich gekochtes Ei
huevos revueltos 'uewos re'wueltos	Rühreier
jamón cha'mon	Schinken
leche 'letsche	Milch
mantequilla mante'kija	Butter
mermelada merme'lada	Marmelade
miel mjel	Honig
musli 'musli	Müsli
pan pan	Brot

panecillo pane'θijo	Brötchen
queso 'keso	Käse
té te	Tee
tostada tos'tada	Toast
yogur jo'gur	Joghurt
zumo de naranja 'θumo de na'rancha	Orangensaft

Aperitivos y entremeses

Vorspeisen und Snacks

anchoas an'tschoas	in Öl marinierte Anchovisfilets
boquerones en vinagre boke'rones em bi'nagre	in Essig, Öl und Knoblauch eingelegte Sardellen
boquerones fritos boke'rones 'fritos	gebackene Sardellen
butifarra buti'farra	katalanische Wurst
empanada empa'nada	gefüllte Teigpastete
gambas al ajillo 'gambas al a'chijo	Garnelen in Knoblauch
jamón serrano cha'mon se'rrano	luftgetrockneter Schinken
patatas bravas pa'tatas 'brawas	Kartoffeln in scharfer Soße
queso 'keso	Käse

Ensaladas

Salate

ensalada ensa'lada	Salat
ensalada mixta ensa'lada 'mista	gemischter Salat
ensaladilla rusa ensala'dija 'rusa	Salat aus Kartoffeln, Thunfisch und Gemüse mit Mayonnaise
escalivada eskali'wada	Salat aus gebratenen Auberginen und roten Paprikaschoten

Sopas, guisos y arroces

Suppen, Eintopf- und Reisgerichte

arroz a la banda ar'roθ a la 'wanda	Reis mit Fisch und Meeresfrüchten
cocido madrileño ko'θido madri'lenjo	Eintopf mit Kichererbsen, Fleisch, Wurst, Speck, Schinken und Kohl, in drei Gängen serviert
fabada asturiana fa'wada‿astu'rjana	Eintopf mit weißen Bohnen, Paprikawurst, Schinken und Speck
gazpacho gaθ'patscho	kalte Gemüsesuppe

paella pa'eja	Reispfanne mit Fisch, Meeresfrüchten, Fleisch und Gemüse
pote gallego 'pote ga'jego	Eintopf mit weißen Bohnen, Kartoffeln, Paprikawurst, Schinken, Schweineohren und Kohl
sopa 'sopa	Suppe
sopa de ajo 'sopa de‿'acho	Knoblauchsuppe
sopa de fideos 'sopa de fi'deos	Nudelsuppe
sopa de mariscos 'sopa de ma'riskos	Meeresfrüchtesuppe
sopa de pescado 'sopa de pes'kado	Fischsuppe

Platos de carnes

Fleischgerichte

albóndigas en salsa de tomate al'bondigas en 'salsa de to'mate	Hackfleischklößchen in Tomatensoße
bistec con patatas fritas bis'tek kom pa'tatas 'fritas	Beefsteak mit Pommes frites
brocheta de carne bro'tscheta de 'karne	Fleischspieß

carne de ternera 'karne de ter'nera	Rindfleisch
cerdo 'θerdo	Schwein
chuletas de cordero tschu'letas de kor'dero	Lammkoteletts
chuletón tschule'ton	großes Kalbs- oder Rinderkotelett
cochinillo kotschi'nijo	Spanferkel
codornices kodor'niθes	Wachteln
conejo ko'necho	Kaninchen
conejo al ajillo ko'necho‿al a'chijo	in Öl und Knoblauch gebratenes Kaninchen
cordero kor'dero	Lamm
cordero asado kor'dero‿a'sado	Lammbraten
escalope eska'lope	Schnitzel
filete de ternera fi'lete de ter'nera	Kalbssteak
parrillada de carne parri'jada de 'karne	verschiedene Sorten Fleisch vom Grill
pechuga de pollo pe'tschuga de 'pojo	Hähnchenbrust
perdices per'diθes	Rebhühner
pichones pi'tschones	Täubchen
pinchos morunos 'pintschos mo'runos	Fleischspieße
pollo 'pojo	Huhn
pollo asado 'pojo‿a'sado	Brathähnchen

pollo al ajillo 'pojo_al a'chijo	Hähnchen mit Knoblauch
rosbif ros'bif	Roastbeef
solomillo solo'mijo	Filet
solomillo a la pimienta verde solo'mijo_a la pi'mjenta 'werde	Filetsteak mit grünem Pfeffer
ternera ter'nera	Kalb
vaca 'baka	Rind

Pescado

Fisch

angulas an'gulas	gebratene Glasaale mit Knoblauch
atún a'tun	Thunfisch
bacalao baka'lao	Kabeljau
bacalao al pil-pil baka'lao_al pil-pil	in Öl und Knoblauch gegarter Kabeljau
besugo al horno be'sugo_al 'orno	Seebrasse im Ofen gegart
boquerones fritos boke'rones 'fritos	gebackene Sardellen
brocheta de pescado bro'tscheta de pes'kado	Fischspießchen
buñuelos de bacalao bu'njuelos de baka'lao	in Öl ausgebackene Kabeljaubällchen

caballa ka'waja	Makrele
chanquetes fritos tschan'ketes 'fritos	gebackene kleine Sprotten
croquetas de bacalao kro'ketas de baka'lao	Kabeljaukroketten
dorada do'rada	Goldbrasse
lenguado len'guado	Seezunge
lubina lu'wina	Wolfsbarsch
merluza mer'luθa	Seehecht
merluza a la romana mer'luθa‿a la ro'mana	in Mehl und Ei gebratener Seehecht
merluza a la vasca mer'luθa‿a la 'waska	Seehecht in Knoblauch-Petersilien-Soße
parrillada de pescado parri'jada de pes'kado	verschiedene Sorten Fisch vom Grill
pescadillas fritas peska'dijas 'fritas	gebratene junge Seehechte
pescaítos fritos peska'itos 'fritos	gebratene Fische
pez espada peθ es'pada	Schwertfisch
rape 'rape	Seeteufel
rodaballo roda'wajo	Steinbutt
salmonetes fritos salmo'netes 'fritos	gebackene Rotbarben
salmón sal'mon	Lachs
sardinas sar'dinas	Sardinen
trucha 'trutscha	Forelle

Mariscos

Meeresfrüchte

almejas a la marinera al'mechas a la mari'nera	Venusmuscheln in Knoblauch-Sherry-Soße
bogavante bog'wante	Hummer
cangrejos de mar kan'grechos de mar	Meereskrebse
cangrejos de río kan'grechos de 'rio	Flusskrebse
cazuela de mariscos ka'θuela de ma'riskos	Meeresfrüchte in der Tonschale zubereitet
cigalas θi'galas	kleine Langusten
langosta lan'gosta	Languste
langostinos langos'tinos	Riesengarnelen
mejillones mechi'jones	Miesmuscheln
salpicón de mariscos salpi'kon de ma'riskos	Salat aus Meeresfrüchten

Guarniciones

Beilagen

arroz a'rroθ	Reis
patatas pa'tatas	Kartoffeln
patatas fritas pa'tatas 'fritas	Pommes frites

Huevos

Eierspeisen

huevos 'uewos	Eier
huevos a la flamenca 'uewos a la fla'menka	Rühreier auf Tomaten, Kartoffeln, Erbsen, Paprikawurst, Schinken, im Ofen gratiniert
huevos fritos 'uewos 'fritos	Spiegeleier
huevos revueltos 'uewos re'wueltos	Rühreier
tortilla de patata tor'tija de pa'tata	Kartoffelomelett
Tortilla española tor'tija‿espa'njola	Kartoffelomelett
tortilla francesa tor'tija fran'θesa	Omelett auf französische Art *(nur mit Eiern)*

Verduras y legumbres

Gemüse und Hülsenfrüchte

acelgas a'θelgas	Mangold
alcachofas alka'tschofas	Artischocken
berenjenas beren'chenas	Auberginen

calabacines kalawa'θines	Zucchini
cantarelas kanta'relas	Pfifferlinge
cebolla θe'woja	Zwiebel
champiñones al ajillo tschampi'njones al a'chijo	Champignons mit Knoblauch
coliflor koli'flor	Blumenkohl
endibia en'diwia	Chicorée
escarola eska'rola	Endiviensalat
espárragos es'parragos	Spargel
espinacas espi'nakas	Spinat
garbanzos gar'wanθos	Kichererbsen
guisantes gi'santes	Erbsen
habas 'awas	dicke Bohnen
judías blancas chu'dias 'wlankas	weiße Bohnen
judías chu'dias	Bohnen
judías verdes chu'dias 'werdes	grüne Bohnen
lechuga le'tschuga	Kopfsalat
lentejas len'techas	Linsen
maíz ma'iθ	Mais
pimientos pi'mjentos	Paprikaschoten
pisto 'pisto	geschmorte Paprikaschoten, Tomaten, Zwiebeln usw.
tomates to'mates	Tomaten
zanahorias θana'orias	Möhren

Modos de preparación

Zubereitungsarten

adobado ado'wado	eingelegt, mariniert
ahumado au'mado	geräuchert
a la plancha a la 'plantscha	auf der heißen Metallplatte gebraten
asado a'sado	gebraten, gegrillt
casero ka'sero	hausgemacht
cocido ko'θido	gekocht
cocido al vapor ko'θido_al wa'por	gedämpft
empanado empa'nado	paniert
espeto es'peto	am Spieß
estofado esto'fado	geschmort
flambeado flambe'ado	flambiert
relleno re'jeno	gefüllt
tostado tos'tado	geröstet

Postres

Nachtisch

arroz con leche ar'roθ kon 'letsche	Milchreis
borrachos bo'rratschos	mit Likör getränktes Gebäck

brazo de gitano 'braθo de chi'tano	mit Creme gefüllte Biskuitrolle
crema catalana 'krema kata'lana	Eiercreme mit Karamell
cuajada kua'chada	eine Art Dickmilch
flan flan	Karamellpudding
fresas con nata 'fresas kon 'nata	Erdbeeren mit Schlagsahne
fruta del tiempo 'fruta del 'tjempo	Früchte der Saison
helado e'lado	Eis
macedonia de frutas maθe'donia de 'frutas	Obstsalat
melocotón en almíbar meloko'ton en al'miwar	Pfirsich in Sirup
natillas na'tijas	Vanillecreme
turrón tu'rron	Mandelnugat *(typische Süßigkeit zu Weihnachten)*

Pasteles

Kuchen und Gebäck

coca 'koka	fladenartiger Kuchen
dulce de membrillo 'dulθe de mem'brijo	Quittenbrot
Ensaimada ensai'mada	Hefeteigschnecke aus Mallorca

galletas ga'jetas	Kekse
magdalenas magda'lenas	kleines Sandgebäck
mantecados mante'kados	Schmalzgebäck
pastel pas'tel	Kuchen
roscón de reyes ros'kon de 'räies	Dreikönigskuchen *(Spezialität am 6. Januar)*
tarta 'tarta	Torte
torrijas to'rrichas	arme Ritter

Frutas

Obst

albaricoque alwari'koke	Aprikose
chirimoya tschiri'moja	Zuckerapfel
ciruelas θi'ruelas	Pflaumen
frambuesas fram'buesas	Himbeeren
fresas 'fresas	Erdbeeren
guayaba gua'jawa	Guave
higos 'igos	Feigen
mango 'mango	Mango
manzana man'θana	Apfel
melocotón meloko'ton	Pfirsich
melón me'lon	Honigmelone
naranja na'rancha	Orange
papaya pa'paja	Papaya
pera 'pera	Birne

piña 'pinja	Ananas
plátano 'platano	Banane
pomelo po'melo	Grapefruit
sandía san'dia	Wassermelone
uvas 'uwas	Weintrauben

Bebidas no alcohólicas

Alkoholfreie Getränke

agua 'agua	Wasser
agua mineral con gas 'agua mine'ral kon gas	Mineralwasser mit Kohlensäure
agua mineral sin gas 'agua mine'ral sin gas	Mineralwasser ohne Kohlensäure
agua tónica 'agua 'tonika	Tonicwasser
batido ba'tido	Milchshake
granizado grani'θado	Zitronen- und Orangensaft mit zerstoßenem Eis
horchata or'tschata	Erdmandelmilch
licuado li'kuado	frisch zubereiteter Saft mit Wasser oder Milch
zumo 'θumo	Saft
zumo de manzana 'θumo de man'θana	Apfelsaft
zumo de naranja (natural) 'θumo de na'rancha (natu'ral)	Orangensaft (frisch gepresst)

Bebidas alcohólicas

Alkoholische Getränke

aguardiente aguar'djente	Schnaps
anís a'nis	Anis(likör)
botella de cerveza bo'teja de θer'werθa	Flasche Bier
caña 'kanja	kleines Bier vom Faß
cava 'kawa	spanischer Sekt
cerveza θer'werθa	Bier
cerveza de barril θer'werθa de wa'rril	Bier vom Fass
cerveza negra θer'werθa 'negra	dunkles Bier
cerveza rubia θer'werθa 'ruwia	helles Bier
champán tscham'pan	Champagner
coñac ko'njak	Kognak
dulce 'dulθe	lieblich
ginebra chi'newra	Gin
jarra de cerveza 'charra de θer'werθa	halber Liter Bier
jerez che'reθ	Sherry
mezcal meθ'kal	Agavenschnaps
pisco 'pisko	Traubenschnaps
Rioja 'riocha	Rotwein aus der Rioja
ron ron	Rum

sangría san'gria	spanische Rotweinbowle
(semi)seco (semi)'seko	(halb)trocken
sidra 'sidra	Apfelwein
tequila te'kila	Agavenschnaps
tinto de verano 'tinto de we'rano	süße Rotweinschorle
vino blanco 'bino 'blanko	Weißwein
vino de la casa 'bino de la 'kasa	Hauswein
vino espumoso 'bino‿espu'moso	Schaumwein, Sekt
vino rosado 'bino ro'sado	Rosé
vino tinto 'bino 'tinto	Rotwein
vodka 'wodka	Wodka

Bebidas calientes

Heiße Getränke

café con leche ka'fe kon 'letsche	Milchkaffee
café solo ka'fe 'solo	schwarzer Kaffee
carajillo kara'chijo	Kaffee mit Kognak
cortado kor'tado	Espresso mit Milch
manzanilla manθa'nija	Kamillentee
mate 'mate	Matetee
té con limón te kon li'mon	Tee mit Zitrone
té de menta te de 'menta	Pfefferminztee

Restaurantsuche

Wo gibt es hier in der Nähe ▸	¿Dónde hay por aquí cerca ▸ 'donde‿ai por a'ki 'θerka ▸
▸ ein Café?	▸ una cafetería? 'una kafete'ria?
▸ eine Kneipe?	▸ un bar? um bar?
▸ ein preiswertes Restaurant?	▸ un restaurante económiko? un restau'rante eko'nomiko?
▸ ein Restaurant mit landestypischer Küche?	▸ un restaurante con cocina regional? un restau'rante kon ko'θina rechio'nal?
▸ eine Tapas-Bar?	▸ un bar de tapas? um bar de 'tapas?
▸ einen Schnell-imbiss?	▸ un restaurante de comida rápida? un restau'rante de ko'mida 'rapida?

Info Neben den eigentlichen Restaurants gibt es in Spanien viele verschiedene Möglichkeiten zu essen und zu trinken: In der bar können Sie einen Kaffee oder ein Glas Wein trinken und tapas (Häppchen, Vorspeisen) essen. In den cervecerías bekommen Sie Bier und tapas, in den bodegas Wein und tapas. In sidrerías, typisch für Asturien, kann man eine Kleinigkeit essen und vor allem sidra (Apfelwein) trinken. Marisquerías sind auf Meeresfrüchte spezialisiert, freidurías auf frittierten Fisch.

Einen Tisch für ... Personen bitte.	Por favor, una mesa para ... personas. por fa'wor, 'una 'mesa 'para ... per'sonas.
Ist dieser Tisch noch frei?	¿Está libre esta mesa? es'ta 'liwre_'esta 'mesa?
Haben Sie einen Hochstuhl?	¿Tienen una silla para niños? 'tjenen 'una 'sija 'para_'ninjos?
Entschuldigung, wo sind die Toiletten?	Perdone, ¿dónde están los servicios? per'done, 'donde_es'tan los ser'wiθjos?

Bestellen

Ist hier Selbstbedienung?	¿Hay autoservicio? ai autoser'wiθio?
Die Karte bitte.	Por favor, la carta. por fa'wor, la 'karta.
Haben Sie die Speisekarte auch auf ▸	¿Tienen la carta también en ▸ tjenen la 'karta tam'bjen en ▸
▸ Deutsch?	▸ alemán? ale'man?
▸ Englisch?	▸ inglés? in'gles?
Ich möchte nur etwas trinken.	Sólo quiero beber algo. 'solo 'kjero we'wer 'algo.

Info Die Bedienung ruft man in Spanien mit ¡Camarero!, ¡Oiga! oder ¡Por favor!

Gibt es jetzt noch etwas zu essen?	¿Se puede comer todavía? se 'puede ko'mer toda'wia?

Das könnten Sie hören:

¿Qué quiere beber? ke 'kjere we'wer?	Was möchten Sie trinken?

Ich möchte ▸	Quisiera ▸ ki'sjera ▸
▸ ein Glas Rotwein.	▸ un vaso de vino tinto. um 'baso de 'wino 'tinto.
▸ eine Flasche Weißwein.	▸ una botella de vino blanco. 'una wo'teja de 'wino 'blanko.
▸ einen Liter Hauswein.	▸ un litro de vino de la casa. um 'litro de 'wino de la 'kasa.
▸ einen halben Liter Hauswein.	▸ medio litro de vino de la casa. 'medio 'litro de 'wino de la 'kasa.
▸ ein Viertel Rosé.	▸ un cuarto de litro de rosado. un 'kuarto de 'litro de ro'sado.
▸ ein Bier.	▸ una cerveza. 'una θer'werθa.
▸ eine Karaffe Wasser.	▸ una jarra de agua. 'una 'charra de‿'agua.
▸ eine Flasche Mineralwasser.	▸ una botella de agua mineral. 'una wo'teja de‿'agua mine'ral.
▸ eine Tasse Kaffee.	▸ un café. un ka'fe.

Info In einem Restaurant isst man eige drei Gänge: primer plato (Vorspei plato (Hauptgericht) und postre (Nachspe Essen wird Wein, Bier oder Wasser getrun dem Essen können Sie noch einen café solo (Espresso) und eine copa (Brandy oder Schnaps) trinken. Die Küche ist normalerweise bis 24 Uhr geöffnet.

Das könnten Sie hören:

¿Qué quiere comer? ke 'kjere ko'mer? — Was möchten Sie essen?

Ich möchte ►	Quisiera ► ki'sjera ►
► das Menü zu ... Euro.	► el menú de ... euros. el me'nu de ... 'euros.
► eine Portion ...	► una ración de ... 'una ra'θjon de ...
► ein Stück ...	► un trozo de ... un 'troθo de ...
Was ist heute das Tagesgericht?	¿Cuál es el plato del día? kual es el 'plato del 'dia?
Was sind die Spezialitäten dieser Region?	¿Cuáles son los platos típicos de esta región? 'kuales son los 'platos 'tipikos de‿'esta re'chjon?
Ist ... in dem Gericht? Ich darf das nicht essen.	¿Lleva este plato ...? No lo puedo comer. 'jewa‿'este 'plato ...? no lo 'puedo ko'mer.

…fo Im Restaurant muss das Brot nicht extra bezahlt werden, es gehört zum Essen. Agua del grifo (Leitungswasser) ist ebenfalls kostenlos.

Haben Sie ▸	¿Tienen ▸ 'tjenen ▸
▸ vegetarische Gerichte?	▸ comida vegetariana? ko'mida wecheta'rjana?
▸ diabetische Kost?	▸ platos especiales para diabéticos? 'platos espe'θjales 'para dia'wetikos?
▸ Diätkost?	▸ comida de régimen? ko'mida de 'rechimen?
Für mich bitte ohne ...	Para mí, sin ..., por favor. 'para mi, sin ..., por fa'wor.
Kann ich ... statt ... haben?	¿Podría traerme ... en lugar de ...? po'dria tra'erme ... en lu'gar de ...?
Ich möchte noch etwas Brot.	Quería un poco más de pan, por favor. ke'ria un 'poko mas de pan, por fa'wor.
Bitte bringen Sie mir noch ...	Por favor, tráigame ... por fa'wor, 'traigame ...
Können wir für die Kinder eine halbe Portion bekommen?	¿Sirven medias raciones para niños? 'sirwen 'medias ra'θjones 'para 'ninjos?

Bei Tisch

Guten Appetit!	¡Que aproveche! ke_apro'wetsche!
Danke, gleichfalls!	¡Gracias, igualmente! 'graθias, igual'mente!
Zum Wohl!	¡Salud! sa'lu(d)!

Das könnten Sie hören:

¿Le | Te gusta? le | te 'gusta?	Schmeckt es Ihnen | dir ?

Danke, es ist sehr gut.	Está muy bueno, gracias. es'ta mui 'wueno, 'graθias.
Was ist das?	¿Qué es esto? ke es 'esto?

Das könnten Sie hören:

¿Un poco más de ...? um 'poko mas de ...?	Noch etwas ...?

Ich möchte Sie | dich einladen.	Quiero invitar le | te. 'kjero imbi'tar le | te.
Danke für die Einladung.	Muchas gracias por la invitación. 'mutschas 'graθias por la_imbita'θjon.
Es war ausgezeichnet.	Estaba exquisito. es'tawa_eski'sito.

Reklamieren

Das habe ich nicht bestellt. Ich wollte ...	Yo no he pedido eso. Yo quería ... jo no_e pe'dido_'eso. jo ke'ria ...
Haben Sie mein ... vergessen?	¿Se ha olvidado de mi ...? se_a_olwi'dado de mi ...?
Haben Sie unser ... vergessen?	¿Se ha olvidado de nuestro ...? se_a_olwi'dado de 'nuestro ...?
Hier fehlt noch ...	Todavía falta ... toda'wia falta ...
Das Essen ist ▸	La comida está ▸ la ko'mida_es'ta ▸
▸ kalt.	▸ fría. 'fria.
▸ versalzen.	▸ muy salada. mui sa'lada.
Das Fleisch ist nicht lang genug gebraten.	La carne no está suficientemente hecha. la 'karne no_es'ta sufiθjente'mente_'etscha.
Das Fleisch ist zäh.	La carne está dura. la 'karne_es'ta 'dura.
Bitte nehmen Sie es zurück.	Por favor, lléveselo. por fa'wor, 'jeweselo.

Bezahlen

Die Rechnung bitte!	¡La cuenta, por favor! la 'kuenta, por fa'wor!
Ich hätte gerne eine Quittung.	Por favor, quisiera un recibo. por fa'wor, ki'sjera‿un re'θiwo.

Info Getrennt zu bezahlen (pagar por separado) ist in Spanien nicht üblich. Die Rechnungssumme wird beim Bezahlen nicht aufgerundet. Das Trinkgeld hinterlassen Sie einfach auf dem Tellerchen, auf dem der Kellner Ihnen die Rechnung bringt.

Wir möchten getrennt bezahlen.	Queremos pagar por separado. ke'remos pa'gar por sepa'rado.
Bitte alles zusammen.	Por favor, todo junto. por fa'wor, 'todo 'chunto.

Das könnten Sie hören:

¿Le ha gustado? le‿a gus'tado?	Hat es Ihnen geschmeckt?

Es war ausgezeichnet.	Estaba exquisito. es'tawa‿eski'sito.
Ich glaube, hier stimmt etwas nicht.	Creo que aquí hay un error. 'kreo ke‿a'ki‿ai‿un er'ror.

Es stimmt so. — Está bien así. es'ta wjen a'si.

Vielen Dank. — Muchas gracias. 'mutschas 'graθias.

Weitere Wörter

Abendessen ... la cena la 'θena
Aschenbecher ... el cenicero el θeni'θero
Bedienung ... el servicio el ser'wiθio
Beilage ... la guarnición la guarni'θjon
Besteck ... el cubierto el ku'wjerto
bestellen ... pedir pe'dir
bezahlen ... pagar pa'gar
Brot ... el pan el pan
Diät ... el régimen el 'rechimen
durstig sein ... tener sed te'ner se(d)
essen ... comer ko'mer
Essen ... la comida la ko'mida
Essig ... el vinagre el wi'nagre
fett ... con mucha grasa kon 'mutscha 'grasa
Fisch ... el pescado el pes'kado
Fläschchenwärmer ... el calienta-biberones el ka'ljenta-wiwe'rones
Flasche ... la botella la wo'teja
Fleisch ... la carne la 'karne

frisch	fresco 'fresko
Frühstück	el desayuno el desa'juno
Gabel	el tenedor el tene'dor
Gang	el plato el 'plato
Gebäck	las pastas las 'pastas
Gedeck	el cubierto el ku'wjerto
Gemüse	la verdura la wer'dura
Gericht	el plato el 'plato
Getränk	la bebida la we'wida
getrennt bezahlen	pagar por separado pa'gar por sepa'rado
gewürzt	condimentado kondimen'tado
Glas	el vaso el 'waso
Gräte	la espina la‿es'pina
Hauptgericht	el segundo plato el se'gundo 'plato
hausgemacht	casero ka'sero
heiß	caliente ka'ljente
hungrig sein	tener hambre te'ner 'ambre
kalt	frío 'frio
Kellner	el camarero el kama'rero
Kellnerin	la camarera la kama'rera
Ketchup	el ketchup el 'ketschup
Kinderteller	el menú infantil el me'nu‿imfan'til
Kneipe	el bar el war
Knoblauch	el ajo el 'acho

Löffel	la cuchara	la ku'tschara
mager	magro	'magro
Mayonnaise	la mayonesa	la majo'nesa
Menü	el menú	el me'nu
Messer	el cuchillo	el ku'tschijo
Mittagessen	el almuerzo	el al'muerθo
Nachtisch	el postre	el 'postre
Obst	la fruta	la 'fruta
Öl	el aceite	el a'θäite
Pfeffer	la pimienta	la pi'mjenta
Portion	la ración	la ra'θjon
Restaurant	el restaurante	el restau'rante
Rindfleisch	la carne de ternera	la 'karne de ter'nera
roh	crudo	'krudo
Rohkost	la verdura cruda	la wer'dura 'kruda
Sahne	la nata	la 'nata
Salat	la ensalada	la‿ensa'lada
Salatsoße	el aliño	el a'linjo
Salz	la sal	la sal
Salzstreuer	el salero	el sa'lero
satt sein	estar satisfecho	es'tar satis'fetscho
sauer	ácido	'aθido
scharf	picante	pi'kante
schmecken	saber	sa'wer

Schonkost	la comida de régimen la ko'mida de 'rechimen
Senf	la mostaza la mos'taθa
Serviette	la servilleta la serwi'jeta
Soße	la salsa la 'salsa
Spezialität	la especialidad la‿espeθjali'da(d)
Stück	el trozo el 'troθo
Stuhl	la silla la 'sija
Suppe	la sopa la 'sopa
süß	dulce 'dulθe
Süßstoff	la sacarina la saka'rina
Tasse	la taza la 'taθa
Tee	el té el te
Teller	el plato el 'plato
Tisch	la mesa la 'mesa
trinken	beber be'wer
Trinkgeld	la propina la pro'pina
vegetarisch	vegetariano becheta'rjano
Vorspeise	el primer plato el pri'mer 'plato
Wasser	el agua el 'agua
Wein	el vino el 'wino
Zahnstocher	el palillo el pa'lijo
Zucker	el azúcar el a'θukar
zusammen bezahlen	pagar todo junto pa'gar 'todo 'chunto

Einkaufen

Fragen & Wünsche

Wie viel kostet das?	¿Cuánto cuesta? 'kwanto 'kuesta?
Was kostet …?	¿Cuánto cuesta …? 'kwanto 'kuesta …?
Was kosten …?	¿Cuánto cuestan …? 'kwanto 'kuestan …?
Können Sie den Preis aufschreiben?	¿Puede escribir el precio? 'puede_eskri'wir el 'preθio?
Das ist mir zu teuer.	Es demasiado caro. es dema'sjado 'karo.
Machen Sie mir einen guten Preis!	¡Hágame un buen precio! 'agame um buem 'preθjo!
Kann ich es etwas billiger bekommen?	¿Pueden dármelo más barato? 'pueden 'darmelo mas ba'rato?
Für … nehme ich es.	Me lo llevo por … me lo 'jewo por …
Haben Sie auch etwas Preiswerteres?	¿Tiene algo más barato? 'tjene_'algo mas wa'rato?
Haben Sie ein Sonderangebot?	¿Tienen ofertas especiales? 'tjenen o'fertas espe'θjales?

Kann ich mit ▸ zahlen?	¿Puedo pagar con ▸ 'puedo pa'gar kon ▸
▸ EC-Karte	▸ tarjeta de débito? tar'cheta de 'debito?
▸ (dieser) Kreditkarte	▸ (esta) tarjeta de crédito? ('esta) tar'cheta de 'kredito?
Ich hätte gerne eine Quittung.	Quisiera un recibo. ki'sjera‿un re'θiwo.
Wo bekomme ich ...?	¿Dónde puedo conseguir ...? 'donde 'puedo konse'gir ...?

Das könnten Sie hören:

¿Qué desea? ke de'sea?	Was wünschen Sie?
¿Le puedo ayudar en algo? le 'puedo‿aju'dar en 'algo?	Kann ich Ihnen helfen?

Danke, ich sehe mich nur um.	Sólo quiero mirar un poco, gracias. 'solo 'kjero mi'rar um 'poko, 'graθias.
Ich werde schon bedient.	Ya me atienden, gracias. ja me‿a'tjenden, 'graθias.
Ich hätte gerne ...	Quisiera ... ki'sjera ...

Das könnten Sie hören:
Lo siento, pero no nos queda ningún ...
lo 'sjento 'pero no nos 'keda nin'gun ...
Es tut mir leid, wir haben keine ... mehr.

Das gefällt mir nicht so gut.
No me gusta mucho.
no me 'gusta 'mutscho.

Können Sie mir noch etwas anderes zeigen?
¿Puede enseñarme otra cosa?
'puede‿ense'njarme‿'otra 'kosa?

Ich muss mir das noch mal überlegen.
Me lo tengo que pensar.
me lo 'tengo ke pen'sar.

Ich nehme es.
Me lo llevo. me lo 'jewo.

Das könnten Sie hören:
¿Desea algo más?
de'sea‿'algo mas?
Darf es sonst noch etwas sein?

Danke, das ist alles.
Eso es todo, gracias.
'eso‿es 'todo, 'graθias.

Haben Sie eine Tüte?
¿Tiene una bolsa?
'tjene‿'una 'wolsa?

Ich möchte das ▸
▸ umtauschen.
▸ zurückgeben.
Quisiera ▸ esto. ki'sjera ▸ 'esto.
▸ cambiar kam'bjar
▸ devolver dewol'wer

Weitere Wörter

Ausverkauf	las rebajas las re'wachas
billig(er)	(más) barato mas ba'rato
Geld	el dinero el di'nero
Geschenk	el regalo el re'galo
groß	grande 'grande
größer	más grande mas 'grande
kaufen	comprar kom'prar
kosten	costar kos'tar
Kreditkarte	la tarjeta de crédito la tar'cheta de 'kredito
Quittung	el recibo el re'θiwo
Schaufenster	el escaparate el eskapa'rate
Schlussverkauf	las rebajas las re'wachas
Selbstbedienung	el autoservicio el autoser'wiθio
Sonderangebot	la oferta especial la‿o'ferta‿espe'θjal
teuer	caro 'karo
zeigen	enseñar ense'njar
zu groß	demasiado grande dema'sjado 'grande
zu teuer	demasiado caro dema'sjado 'karo

Geschäfte

Andenkenladen .... la tienda de recuerdos
la 'tjenda de re'kuerdos
Apotheke .... la farmacia la far'maθia
Bäckerei .... la panadería la panade'ria
Boutique .... la boutique la wu'tike
Buchhandlung .... la librería la liwre'ria
Drogerie .... la droguería la droge'ria
Einkaufszentrum .... el centro comercial
el 'θentro komer'θjal
Feinkostgeschäft .... la tienda de ultramarinos de calidad la 'tjenda de‿ultrama'rinos de kali'dad
Fischgeschäft .... la pescadería la peskade'ria
Fleischerei .... la carnicería la karniθe'ria
Flohmarkt .... el rastro el 'rastro
Fotogeschäft .... el taller de fotografía
el ta'jer de fotogra'fia
Friseursalon .... la peluquería la peluke'ria
Juwelier .... el joyero el cho'jero
Kaufhaus .... los grandes almacenes
los 'grandes alma'θenes
Kiosk .... el quiosco el 'kjosko
Markt .... el mercado el mer'kado
Obst- und Gemüse-geschäft .... la frutería
la frute'ria
Optiker .... la óptica la‿'optika

Reinigung	la tintorería la tintore'ria
Schuhgeschäft	la zapatería la θapate'ria
Sportgeschäft	la tienda de deportes la 'tjenda de de'portes
Supermarkt	el supermercado el supermer'kado
Tabakwaren	el estanco el es'tanko
Waschsalon	la lavandería la lawande'ria

Lebensmittel

Was ist das?	¿Qué es esto? ke‿es 'esto?
Bitte geben Sie mir ▸	Por favor, déme ▸ por fa'wor, 'deme ▸
▸ 100 Gramm ...	▸ cien gramos de ... θjen 'gramos de ...
▸ 1 halbes Kilo ...	▸ medio kilo de ... 'medio 'kilo de ...
▸ 1 Kilo ...	▸ un kilo de ... un 'kilo de ...
▸ 1 Liter ...	▸ un litro de ... un 'litro de ...
▸ 1 halben Liter ...	▸ medio litro de ... 'medio 'litro de ...
▸ 4 Scheiben ...	▸ cuatro rodajas de ... 'kuatro ro'dachas de ...
▸ 1 Stück ...	▸ un trozo de ... un 'troθo de ...

Bitte ▸ davon.	Por favor, ▸ de esto. por fa'wor, ▸ de_'esto.
▸ ein Stück	▸ un trozo un 'troθo
▸ zwei Stück	▸ dos trozos dos 'troθos
Kann ich probieren?	¿Podría probar un poco de eso? po'dria pro'war um 'poko de_'eso?

Weitere Wörter

alkoholfreies Bier	la cerveza sin alcohol la θer'werθa sin al'kol
Ananas	la piña la 'pinja
Apfel	la manzana la man'θana
Apfelsaft	el zumo de manzana el 'θumo de man'θana
Apfelwein	la sidra la 'sidra
Aprikose	el albaricoque el alwari'koke
Artischocke	la alcachofa la_alka'tschofa
Aubergine	la berenjena la weren'chena
Austern	las ostras las 'otras
Avocado	el aguacate al agua'kate
Banane	el plátano el 'platano
Basilikum	la albahaca la_alwa'aka
Bier	la cerveza la θer'werθa
Birne	la pera la 'pera
Bohnen	las judías las chu'dias

Brokkoli ..... el brécol el 'wrekol
Brot ..... el pan el pan
Brötchen ..... el panecillo el pane'θijo
Butter ..... la mantequilla la mante'kija
Chicorée ..... la endibia la‿en'diwia
Ei ..... el huevo el 'uewo
eingelegte Gurken ..... los pepinillos en vinagre los pepi'nijos em bi'nagre
Eis ..... el helado el e'lado
Erbsen ..... los guisantes los gi'santes
Erdbeeren ..... las fresas las 'fresas
Erdnüsse ..... los cacahuetes los kaka'uetes
Essig ..... el vinagre el wi'nagre
Esskastanien ..... las castañas las kas'tanjas
Estragon ..... el estragón el estra'gon
fettarme Milch ..... la leche desnatada la 'letsche desna'tada
Fisch ..... el pescado el pes'kado
Fleisch ..... la carne la 'karne
Geflügel ..... las aves las 'awes
gekochter Schinken ..... el jamón cocido el cha'mon ko'θido
Gemüse ..... la verdura la wer'dura
Gewürze ..... las especias las es'peθias
Grieß ..... la sémola la 'semola
grüne Bohnen ..... las judías verdes las chu'dias 'werdes

Gurke (Salatgurke)	**el pepino**	el pe'pino
Hackfleisch	**la carne picada**	la 'karne pi'kada
Haferflocken	**los copos de avena**	los 'kopos de a'wena
Hähnchen	**el pollo**	el 'pojo
Himbeeren	**las frambuesas**	las fram'buesas
Honig	**la miel**	la mjel
Joghurt	**el yogur**	el jo'gur
Kaffee	**el café**	el ka'fe
Kaffeesahne	**la crema de leche**	la 'krema de 'letsche
Kakao	**el cacao**	el ka'kao
Kalbfleisch	**la carne de ternera**	la 'karne de ter'nera
Kartoffeln	**las patatas**	las pa'tatas
Käse	**el queso**	el 'keso
Kekse	**las galletas**	las ga'jetas
Ketchup	**el ketchup**	el 'ketschup
Kirschen	**las cerezas**	las θe're θas
Kiwi	**el kiwi**	el 'kiui
Knoblauch	**el ajo**	el 'acho
Kohl	**la col**	la kol
Kotelett	**la chuleta**	la tschu'leta
Kräuter	**las hierbas aromáticas**	las 'jerwas aro'matikas

Kräutertee .... la infusión de hierbas
la_imfu'sjon de 'jerwas
Kuchen .... el pastel el pas'tel
Lammfleisch .... la carne de cordero
la 'karne de kor'dero
Lauch .... el puerro el 'puerro
Leberpastete .... el paté el pa'te
Limonade .... la limonada la limo'nada
Mais .... el maíz el ma'iθ
Margarine .... la margarina la marga'rina
Marmelade .... la mermelada la merme'lada
Mayonnaise .... la mayonesa la majo'nesa
Melone .... el melón el me'lon
Milch .... la leche la 'letsche
Möhren .... las zanahorias las θana'orias
Müsli .... el musli el 'musli
Nektarine .... las nectarinas las nekta'rinas
Nudeln .... la pasta la 'pasta
Nüsse .... las nueces las 'nueθes
Obst .... la fruta la 'fruta
Öl .... el aceite el a'θäite
Oliven .... las aceitunas las aθäi'tunas
Olivenöl .... el aceite de oliva
el a'θäite de_o'liwa
Ölsardinen .... las sardinas en aceite
las sar'dinas en a'θäite
Orange .... la naranja la na'rancha

Orangensaft	**el zumo de naranja** el 'θumo de na'rancha
Oregano	**el orégano** el o'regano
Paprika (Gewürz)	**el pimentón** el pimen'ton
Paprikaschote	**el pimiento** el pi'mjento
Peperoni	**la guindilla** la gin'dija
Petersilie	**el perejil** el pere'chil
Pfeffer	**la pimienta** la pi'mjenta
Pfirsich	**el melocotón** el meloko'ton
Pflaumen	**las ciruelas** las θi'ruelas
Pilze	**las setas** las 'setas
Reis	**el arroz** el a'rroθ
Rindfleisch	**la carne de vaca** la 'karne de 'waka
roher Schinken	**el jamón serrano** el cha'mon se'rrano
Rosmarin	**el romero** el ro'mero
Rotwein	**el vino tinto** el 'wino 'tinto
Saft	**el zumo** el 'θumo
Sahne	**la nata** la 'nata
Salami	**el salami** el sa'lami
Salat (angemacht)	**la ensalada** la‿ensa'lada
Salz	**la sal** la sal
Schinken	**el jamón** el cha'mon
Schnitzel	**el escalope** el eska'lope
Schokolade	**el chocolate** el tschoko'late
Schwarzbrot	**el pan negro** el pan 'negro

Schweinefleisch .... la carne de cerdo
la 'karne de 'θerdo
Spargel .... el espárrago el es'parrago
Spinat .... las espinacas las espi'nakas
Steak .... el filete el fi'lete
Süßstoff .... la sacarina la saka'rina
Tee .... el té el te
Thunfisch .... el atún el a'tun
Thymian .... el tomillo el to'mijo
Tomate .... el tomate el to'mate
Vollkornbrot .... el pan integral el pan inte'gral
Wassermelone .... la sandía la san'dia
Wein .... el vino el 'wino
Weintrauben .... las uvas las 'uwas
Weißbrot .... el pan blanco el pan 'blanko
weiße Bohnen .... las judías blancas
las chu'dias 'blankas
Weißwein .... el vino blanco
el 'wino 'wlanko
Wurst(aufschnitt) .... el embutido el embu'tido
Würstchen .... las salchichas
las sal'tschitschas
Zitrone .... el limón el li'mon
Zucchini .... el calabacín el kalawa'θin
Zucker .... el azúcar el a'θukar
Zwieback .... el biscote el wis'kote
Zwiebel .... la cebolla la θe'woja

Kleidung

Ich suche ...	Estoy buscando ... es'toi wus'kando ...

Das könnten Sie hören:
¿Qué talla tiene usted?
ke 'taja 'tjene_us'te(d)?
Welche Größe haben Sie?

Ich habe (die deutsche) Größe ...	Tengo la talla (alemana) ... 'tengo la 'taja (ale'mana) ...
Haben Sie das auch in Größe ...?	¿Tienen este modelo en la talla ...? 'tjenen 'este mo'delo_en la 'taja ...?
Haben Sie das auch in einer anderen Farbe? ▸ *Farben, S. 128*	¿Tienen este modelo en otro color? 'tjenen 'este mo'delo_en 'otro ko'lor?
Welches Material ist das? ▸ *Stoffe, S. 127*	¿De qué material es? de ke mate'rjal es?
Kann ich das anprobieren?	¿Puedo probármelo? 'puedo pro'warmelo?
Wo sind die Umkleidekabinen?	¿Dónde están los probadores? 'donde_es'tan los prowa'dores?

Wo ist ein Spiegel?	**¿Dónde hay un espejo?** 'donde‿ai un es'pecho?
Es steht mir nicht.	**No me queda bien.** no me 'keda wjen.
Das ist mir zu ▸	**Me está demasiado ▸** me‿es'ta dema'sjado ▸
▸ groß.	▸ **grande.** 'grande.
▸ klein.	▸ **pequeño.** pe'kenjo.
Das passt gut.	**Me queda bien.** me 'keda wjen.

Stoffe

Baumwolle	**el algodón** el algo'don
Filz	**el fieltro** el 'fjeltro
Fleece	**el tejido polar** el te'chido po'lar
Kaschmir	**el cachemir** el katsche'mir
Leder	**la piel** la pjel
Leinen	**el lino** el 'lino
Mikrofaser	**la microfibra** la mikro'fiwra
Naturfaser	**la fibra natural** la 'fiwra natu'ral
reine Schurwolle	**la pura lana virgen** la 'pura 'lana 'wirchen

Schafwolle	la lana la 'lana
Seide	la seda la 'seda
Synthetik	el tejido sintético el 'techido sin'tetiko
Wolle	la lana la 'lana

Farben

beige	beige bäsch
blau	azul a'θul
braun	marrón ma'rron
bunt	de colores de ko'lores
dunkelblau	azul oscuro a'θul os'kuro
dunkelrot	rojo oscuro 'rocho os'kuro
gelb	amarillo ama'rijo
golden	dorado do'rado
grau	gris gris
grün	verde 'berde
hellblau	azul claro a'θul 'klaro
lila	lila 'lila
pink	rosa 'rosa
rosa	rosa 'rosa
rot	rojo 'rocho
schwarz	negro 'negro
silbern	plateado plate'ado
türkis	turquesa tur'kesa
weiß	blanco 'blanko

Weitere Wörter

Anorak	**el anorak** el ano'rak
Anzug	**el traje** el 'trache
Badeanzug	**el traje de baño** el 'trache de 'wanjo
Badehose	**el bañador** el banja'dor
Bademantel	**el albornoz** el alwor'noθ
BH	**el sujetador** el sucheta'dor
Bikini	**el bikini** el bi'kini
Blazer	**la chaqueta** la tscha'keta
Bluse	**la blusa** la 'blusa
bügelfrei	**no necesita plancha** no neθe'sita 'plantscha
Gürtel	**el cinturón** el θintu'ron
Halstuch	**el pañuelo** el pa'njuelo
Handschuhe	**los guantes** los 'guantes
Hemd	**la camisa** la ka'misa
Hose	**el pantalón, los pantalones** *(pl)* el panta'lon, los panta'lones
Hut	**el sombrero** el som'brero
Jacke	**el chaquetón** el tschake'ton
Jeans	**el pantalón vaquero** el panta'lom ba'kero
Jogginganzug	**el chándal** el 'tschandal
Jogginghose	**el pantalón de chándal** el panta'lon de 'tschandal
Kleid	**el vestido** el wes'tido

Kostüm	el traje el 'trache
Krawatte	la corbata la kor'wata
kurz	corto 'korto
kurze Ärmel	las mangas cortas las 'mangas 'kortas
lang	largo 'largo
lange Ärmel	las mangas largas las 'mangas 'largas
Leggins	los leggins los 'legins
Mantel	el abrigo el a'wrigo
Mütze	la gorra la 'gorra
Pullover	el jersey el 'chersäi
Regenjacke	el chubasquero el tschuwas'kero
Reißverschluss	la cremallera la krema'jera
Rock	la falda la 'falda
Sakko	la americana la‿ameri'kana
Schal	la bufanda la wu'fanda
Schlafanzug	el pijama el pi'chama
Shorts	el pantalón corto el panta'lon 'korto
Socken	los calcetines los kalθe'tines
Sonnenhut	el sombrero para el sol el som'brero 'para‿el sol
Strümpfe	las medias las 'medias
Strumpfhose	el panty el 'panti
T-Shirt	la camiseta la kami'seta

Unterhemd	la camiseta interior la kami'seta_inte'rjor
Unterwäsche	la ropa interior la 'ropa_inte'rjor
Weste	el chaleco el tscha'leko

Schuhe

Ich möchte ein Paar ...	Quiero un par de ... 'kjero um par de ...

Das könnten Sie hören:

¿Qué número calza? ke 'numero 'kalθa?	Welche Schuhgröße haben Sie?

Ich habe Schuhgröße ...	Calzo el número ... 'kalθo_el 'numero ...
Sie sind zu ►	Me quedan muy ► me ke'dan mui ►
► groß.	► grandes. 'grandes.
► klein.	► pequeños. pe'kenjos.
Sie drücken hier.	Me aprietan aquí. me_a'prjetan a'ki.
Der Absatz ist zu hoch.	El tacón es muy alto. el ta'kon es mui 'alto.

Weitere Wörter

Badeschuhe	las zapatillas de baño las θapa'tilas de 'wanjo
Bergschuhe	las botas de montaña las 'wotas de mon'tanja
Einlegesohlen	las plantillas las plan'tijas
eng	estrecho es'tretscho
Flipflops	las chanclas las 'tschanklas
Größe	el número el 'numero
Gummistiefel	las botas de goma las 'wotas de 'goma
Halbschuhe	los zapatos abotinados los θa'patos awoti'nados
Ledersohle	la suela de cuero la 'suela de 'kuero
Pumps	los zapatos de tacón los θa'patos de ta'kon
Sandalen	las sandalias las san'dalias
Schnürsenkel	los cordones los kor'dones
Schuhcreme	la crema para zapatos la 'krema 'para θa'patos
Schuhe	los zapatos los θa'patos
Stiefel	las botas la 'wotas
Turnschuhe	las zapatillas de deporte las θapa'tijas de de'porte
Wanderschuhe	las botas de montaña las 'wotas de mon'tanja

Souvenirs

Ich möchte ►	Quisiera ► ki'sjera ►
► ein hübsches Andenken.	► un recuerdo bonito. un re'kuerdo wo'nito.
► ein Geschenk.	► un regalo. un re'galo.
► etwas Typisches aus dieser Gegend.	► algo típico de esta región. 'algo 'tipiko de‿'esta re'chjon.
Ist das Handarbeit?	¿Está hecho a mano? es'ta‿'etscho‿a 'mano?
Ist das antik?	¿Es antiguo? es an'tiguo?
Ist das echt?	¿Es auténtico? es au'tentiko?

Weitere Wörter

Antiquität	la antigüedad la‿antigue'da(d)
Becher	el vaso el 'waso
Decke	la manta la 'manta
Fächer	el abanico el awa'niko
Geschirr	la vajilla la wa'chija
Gürtel	el cinturón el θintu'ron
Handarbeit	hecho a mano 'etscho‿a 'mano
Handtasche	el bolso el 'wolso
Kanne	la jarra la 'charra

Kastagnetten .... **las castañuelas** las kasta'njuelas
Keramik .... **la cerámica** la θe'ramika
Kunsthandwerk .... **la artesanía** la‿artesa'nia
Leder .... **la piel** la 'pjel
Mantille .... **la mantilla** la man'tija
Schmuck .... **las joyas** las 'chojas
Teekanne .... **la tetera** la te'tera
Teeservice .... **el juego de té** el 'chuego de te
Töpferware .... **la alfarería** la‿alfare'ria
Vase .... **el florero** el flo'rero
Zertifikat .... **el certificado** el θertifi'kado

Drogerieartikel

Babyfläschchen .... **el biberón** el biwe'ron
Babypuder .... **los polvos para bebés** los 'polwos 'para we'wes
Damenbinden .... **las compresas** las kom'presas
Bürste .... **el cepillo** el θe'pijo
Deo .... **el desodorante** el desodo'rante
Duschgel .... **el gel** el chel
feuchte Tücher .... **los pañuelos húmedos** los pa'njuelos 'umedos
Haargel .... **el gel para el pelo** el chel 'para‿el 'pelo

Haarspray .... la laca la 'laka
Handcreme .... la crema para las manos la 'krema 'para las 'manos
Kamm .... el peine el 'päine
Kondome .... los preservativos los preserwa'tiwos
Körperlotion .... la loción corporal la lo'θjon korpo'ral
Kosmetiktücher .... las toallas de cosmética las 'toajas de kos'metika
Lichtschutzfaktor .... el factor de protección solar el fak'tor de proteg'θjon so'lar
Mückenschutz .... la protección contra los mosquitos la proteg'θjon 'kontra los mos'kitos
Nachtcreme .... la crema de noche la 'krema de 'notsche
Nagelfeile .... la lima la 'lima
Nagellack .... el esmalte el es'malte
Nagellackentferner ... el quitaesmalte el kitaes'malte
Nagelschere .... las tijeras para las uñas las ti'cheras 'para las 'unjas
Papiertaschentücher los pañuelos de papel los pa'njuelos de pa'pel
Parfüm .... el perfume el per'fume
parfümfrei .... sin perfume sin per'fume

Pflaster	el esparadrapo	el espara'drapo
Pinzette	las pinzas	las 'pinθas
Rasierklinge	la cuchilla de afeitar	la ku'tschija de‿afäi'tar
Rasierschaum	la espuma de afeitar	la‿es'puma de‿afäi'tar
Reinigungsmilch	la leche limpiadora	la 'letsche limpia'dora
Schaumfestiger	la espuma para el pelo	la‿es'puma 'para‿el 'pelo
Schnuller	el chupete	el tschu'pete
Seife	el jabón	el cha'won
Shampoo	el champú	el tscham'pu
Sonnencreme	el bronceador	el bronθea'dor
Sonnenmilch	la leche bronceadora	la 'letsche bronθea'dora
Spiegel	el espejo	el es'pecho
Tagescreme	la crema de día	la 'krema de 'dia
Tampons	los tampones	los tam'pones
Toilettenpapier	el papel higiénico	el pa'pel i'chjeniko
Waschlappen	la manopla	la ma'nopla
Waschmittel	el detergente	el deter'chente
Watte	el algodón	el algo'don
Wattestäbchen	los bastoncillos	los waston'θijos

Zahnbürste	el cepillo de dientes el θe'pijo de 'djentes
Zahnpasta	la pasta dentífrica la 'pasta den'tifrika
Zahnseide	el hilo dental el 'ilo den'tal
Zahnstocher	el palillo de dientes el pa'lijo de 'djentes

Haushalt

Adapter	el adaptador el adapta'dor
Alufolie	el papel de aluminio el pa'pel de‿alu'minio
Batterie	la pila la 'pila
Dosenöffner	el abrelatas el awre'latas
Feuerzeug	el mechero el me'tschero
Flaschenöffner	el abridor el awri'dor
Fleckenentferner	el quitamanchas el kita'mantschas
Föhn	el secador el seka'dor
Frischhaltefolie	el plástico de conservación el 'plastiko de konserwa'θjon
Gabel	el tenedor el tene'dor
Glas (Wasserglas)	el vaso el 'waso
Glühlampe	la bombilla la wom'bija
Grillkohle	el carbón para la parrilla el kar'won 'para la par'rija

Insektenspray .... el insecticida el insekti'θida
Kerzen .... las velas las 'welas
Korkenzieher .... el sacacorchos
el saka'kortschos
Küchenrolle .... el papel de cocina
el pa'pel de ko'θina
Kühltasche .... la nevera portátil
la ne'wera por'tatil
Löffel .... la cuchara la ku'tschara
Messer .... el cuchillo el ku'tschijo
Moskitospirale .... la espiral para los mosquitos
la‿espi'ral 'para los mos'kitos
Nähgarn .... el hilo de coser el 'ilo de ko'ser
Nähnadel .... la aguja la‿a'gucha
Plastikbecher .... el vaso de plástico
el 'waso de 'plastiko
Plastikbesteck .... los cubiertos de plástico
los ku'wjertos de 'plastiko
Plastikteller .... el plato de plástico
el 'plato de 'plastiko
Reinigungsmittel .... el producto de limpieza
el pro'dukto de lim'pjeθa
Schere .... las tijeras las ti'cheras
Servietten .... las servilletas las serwi'jetas
Sicherheitsnadel .... el imperdible el imper'diwle
Spülmittel .... el detergente el deter'chente
Spültuch .... el paño el 'panjo

Streichhölzer	las cerillas las θe'rijas
Taschenlampe	la linterna la lin'terna
Taschenmesser	la navaja la na'wacha
Tasse	la taza la 'taθa
Tauchsieder	el calentador de inmersión el kalenta'dor de_inmer'sjon
Teller	el plato el 'plato
Thermosflasche	el termo el 'termo
Verlängerungs-schnur	el alargador el alarga'dor
Wäscheklammern	las pinzas las 'pinθas
Wäscheleine	el cordel el kor'del
Waschpulver	el detergente el deter'chente
Wischlappen	el trapo el 'trapo

Optiker

Meine Brille ist kaputt. — Se me han roto las gafas. se me_an 'roto las 'gafas.

Können Sie das reparieren? — ¿Puede arreglarlo? 'puede_arre'glarlo?

Ich möchte eine Sonnenbrille. — Quiero unas gafas de sol. 'kjero_'unas 'gafas de sol.

Ich brauche Eintageslinsen. — Necesito unas lentillas desechables. neθe'sito 'unas len'tijas dese'tschawles.

Ich bin kurzsichtig.	Soy miope. soi 'mjope.
Ich bin weitsichtig.	Soy hipermétrope. soi iper'metrope.

Das könnten Sie hören:
¿Cuántas dioptrías tiene usted?
'kwantas diop'trias 'tjene‿us'te(d)?
Wie viel Dioptrien haben Sie?

Ich habe links ... Dioptrien und rechts ... Dioptrien.	Tengo en el ojo izquierdo ... dioptrías y en el derecho ... dioptrías. 'tengo‿en el 'ocho iθ'kjerdo ... diop'trias i‿en el de'retscho ... diop'trias.
Ich habe eine Kontaktlinse verloren.	He perdido una lentilla. e per'dido‿una len'tija.
Ich brauche Aufbewahrungslösung für ▸ Kontaktlinsen.	Necesito líquido para conservar las lentillas ▸ neθe'sito 'likido 'para konser'war las len'tijas ▸
▸ harte	▸ duras. 'duras.
▸ weiche	▸ blandas. 'blandas.
Ich brauche Reinigungslösung für ▸ Kontaktlinsen.	Necesito líquido para limpiar las lentillas ▸ neθe'sito 'likido 'para lim'pjar las len'tijas ▸
▸ harte	▸ duras. 'duras.
▸ weiche	▸ blandas. 'blandas.

Tabakwaren

Ein Päckchen ►, bitte.	**Por favor, un paquete de ►** por fa'wor, um pa'kete de ►
► Pfeifentabak	**► tabaco para pipa.** ta'wako 'para 'pipa.
► Zigarettentabak	**► tabaco para liar.** ta'wako 'para li'ar.
Eine Schachtel ..., bitte.	**Por favor, un paquete de ...** por fa'wor, um pa'kete de ...
Eine Stange ..., bitte.	**Por favor, un cartón de ...** por fa'wor, um kar'ton de ...

Weitere Wörter

Feuerzeug .... **el mechero** el me'tschero
Pfeife .... **la pipa** la 'pipa
Pfeifenreiniger .... **el limpiador de pipa** el limpja'dor de 'pipa
Tabak .... **el tabaco** el ta'wako
Zigaretten .... **los cigarrillos** los θiga'rrijos
Zigarillos .... **los puritos** los pu'ritos
Zigarren .... **los puros** los 'puros

Aktivitäten

Sport & Wellness

Baden

Wo geht es zum Strand?	¿Por dónde se va a la playa? por 'donde se wa‿a la 'plaja?
Gibt es hier Strömungen?	¿Hay aquí corrientes? ai‿a'ki ko'rrjentes?
Gibt es hier Quallen?	¿Hay aquí medusas? ai‿a'ki me'dusas?
Ich möchte ▸ ausleihen.	Quisiera alquilar ▸ ki'sjera‿alki'lar ▸
▸ einen Liegestuhl	▸ una tumbona. 'una tum'bona.
▸ einen Sonnenschirm	▸ una sombrilla. 'una som'brija.
▸ ein Boot	▸ una barca. 'una 'warka.
Ich möchte einen ▸ machen.	Quiero hacer un curso de ▸ 'kjero‿a'θer un 'kurso de ▸
▸ Tauchkurs	▸ submarinismo. suwmari'nismo.
▸ Windsurfkurs	▸ windsurfing. 'uinsurfing.
Wie viel kostet es pro ▸	¿Cuánto cuesta ▸ 'kwanto 'kuesta ▸
▸ Stunde?	▸ la hora? la‿'ora?
▸ Tag?	▸ el día? el 'dia?

Können Sie kurz auf meine Sachen aufpassen?	¿Podría vigilar mis cosas un momento? po'dria wichi'lar mis 'kosas um mo'mento?
Wo sind die ►	¿Dónde están ► 'donde_es'tan ►
► Duschen?	► las duchas? las 'dutschas?
► Umkleidekabinen?	► los probadores? los prowa'dores?
Wo ist ►	¿Dónde está ► 'donde_es'ta ►
► der Bademeister?	► el socorrista? el soko'rrista?
► die Erste-Hilfe-Station?	► la enfermería? la_emferme'ria?

Weitere Wörter

baden	bañarse ba'njarse
Bootsverleih	el alquiler de barcas el alki'ler de 'warkas
Ebbe	la marea baja la ma'rea 'wacha
Erlebnisbad	el parque acuático el 'parke a'kuatiko
FKK-Strand	la playa nudista la 'plaja nu'dista
Flut	la marea alta la ma'rea_'alta
Kitesurfen	el kite surfing el 'kait 'surfin

Luftmatratze .... la colchoneta la koltscho'neta
Meer .... el mar el mar
Motorboot .... la lancha motora la 'lantscha mo'tora
Motorscooter .... la moto acuática la 'moto‿a'kuatika
Muscheln .... las conchas las 'kontschas
Nichtschwimmer .... el no nadador el no nada'dor
Rettungsring .... el salvavidas el salwa'widas
Ruderboot .... la barca de remos la 'warka de 'remos
Sandstrand .... la playa de arena la plaja de‿a'rena
Schatten .... la sombra la 'sombra
Schlauchboot .... el bote neumático el 'wote neu'matiko
Schnorchel .... el esnórquel el es'norkel
Schwimmbad .... la piscina la pis'θina
schwimmen .... nadar na'dar
Schwimmflossen .... las aletas las a'letas
Schwimmflügel .... los manguitos los man'gitos
See .... el lago el 'lago
Seeigel .... el erizo de mar el e'riθo de mar
Segelboot .... el barco de vela el 'warko de 'wela
segeln .... hacer vela a'θer 'wela
Sonne .... el sol el sol

Sonnencreme .... la crema protectora
la 'krema protek'tora
Spielwiese .... la zona recreativa
la 'θona rekrea'tiwa
Sprungbrett .... el trampolín el trampo'lin
Stand-up-Paddeln ..... el paddle surf el 'paddle surf
Strand .... la playa la 'plaja
Sturmwarnung .... el aviso de tempestad
el a'wiso de tempes'ta(d)
Surfbrett .... la tabla de surf
la 'tawla de surf
tauchen .... bucear buθe'ar
Taucheranzug .... el traje de buceo
el 'trache de wu'θeo
Taucherausrüstung ... el equipo de buceo
el e'kipo de wu'θeo
Taucherbrille .... las gafas de buceo
las 'gafas de wu'θeo
Tretboot .... el patín el pa'tin
Umkleidekabine .... el vestuario el westu'ario
Wasser .... el agua el 'agua
Wasserball .... el balón inflable
el wa'lon im'flawle
Wasserski .... el esquí acuático
el es'ki‿a'kuatiko
Welle .... la ola la‿'ola

Wellness

Gibt es hier ▸	¿Hay aquí ▸ ai‿a'ki ▸
▸ eine Therme?	▸ un balneario de aguas termales? um balne'arjo de‿'aguas ter'males?
▸ eine Sauna?	▸ sauna? 'sauna?
▸ ein Fitnessstudio?	▸ gimnasio? chim'nasio?
Ich hätte gerne einen Termin für ...	Quisiera pedir hora para ... ki'sjera pe'dir 'ora 'para ...
Ich hätte gerne eine Gesichtsbehandlung.	Quisiera hacerme una limpieza de cutis. ki'sjera‿a'θerme‿'una lim'pjeθa de 'kutis.
Bitte eine ▸	Una ▸, por favor. 'una ▸, por fa'wor.
▸ Maniküre.	▸ manicura mani'kura
▸ Pediküre.	▸ pedicura pedi'kura

Weitere Wörter

Akupunktur	la acupuntura la‿akupun'tura
Ampullenkur	el tratamiento de ampollas el trata'mjento de‿am'pojas
Aromaöl	el aceite aromático el a'θäite‿aro'matiko
Ayurveda	el ayurveda el ajur'weda

Dampfbad .... **el baño de vapor** el 'wanjo de wa'por
Dekolleté .... **el escote** el es'kote
Entschlackung .... **la desintoxicación** la desintogsika'θion
Fango .... **los fangos** los 'fangos
Feuchtigkeitsmaske .. **la mascarilla hidratante** la maska'rija idra'tante
Fußreflexzonen-massage .... **el masaje de las zonas de reflejo del pie** el ma'sache de las 'θonas de re'flecho del pje
Gesicht .... **la cara** la 'kara
Hals .... **el cuello** el 'kuejo
Hautdiagnose .... **el diagnóstico de la piel** el dia'gnostiko de la pjel
Kneipp-Anwendung .. **el tratamiento hidroterápico** el trata'mjento idrote'rapiko
Lymphdrainage .... **el drenaje linfático** el dre'nache lim'fatiko
Maske .... **la mascarilla** la maska'rija
Massage .... **el masaje** el ma'sache
Meditation .... **la meditación** la medita'θjon
Packung .... **la mascarilla** la maska'rija
Peeling .... **el peeling** el 'piling
Reinigung .... **la limpieza** la lim'pjeθa
Sanarium .... **el sanarium** el sa'narium
Sauna .... **la sauna** la 'sauna

Solarium	el solario el so'lario
Thermalbad	las aguas termales las 'aguas ter'males
Whirlpool	la piscina jacuzzy la pis'θina ja'kusi
Yoga	el yoga el 'joga

Ballspiele

Darf ich mitspielen?	¿Puedo jugar con vosotros? 'puedo chu'gar kom bo'sotros?
Wir hätten gern einen ▸ für eine Stunde.	Nos gustaría utilizar la pista de ▸ durante una hora. nos gusta'ria_utili'θar la 'pista de ▸ du'rante_'una_'ora.
▸ Tennisplatz	▸ tenis 'tenis
▸ Badmintonplatz	▸ bádminton 'badminton
Wo kann man hier ▸ spielen?	¿Dónde se puede jugar aquí ▸ 'donde se 'puede chu'gar a'ki ▸
▸ Bowling	▸ a los bolos? a los 'wolos?
▸ Billard	▸ al billar? al wi'jar?
Ich möchte ... ausleihen.	Quisiera alquilar ... ki'sjera_alki'lar ...

Weitere Wörter

Badminton	el bádminton el 'badminton
Ball	la pelota la pe'lota
Basketball	el baloncesto el balon'θesto
Beachvolleyball	el voley playa el 'woläi 'plaja
Doppel	el doble el 'dowle
Einzel	el individual el indiwi'dual
Federball (Spiel)	el bádminton el 'badminton
Federballschläger	la raqueta de bádminton la ra'keta de 'badminton
Fußball (Ball)	el balón de fútbol el ba'lon de 'futwol
Fußballplatz	el campo de fútbol el 'kampo de 'futwol
Fußballspiel	el fútbol el 'futwol
gewinnen	ganar ga'nar
Golf	el golf el golf
Golfplatz	el campo de golf el 'kampo de golf
Golfschläger	el palo de golf el 'palo de golf
Handball	el balonmano el walon'mano
Mannschaft	el equipo el e'kipo
Minigolfplatz	el campo de minigolf el 'kampo de mini'golf
Sieg	la victoria la wik'toria
Spiel	el juego el 'chuego
spielen	jugar chu'gar

Spielplatz	el parque infantil el 'parke‿imfan'til
Squash	el squash el skuosch
Squashschläger	la raqueta de squash la ra'keta de skuosch
Tennis	el tenis el 'tenis
Tennisschläger	la raqueta la ra'keta
Tischtennis	el pingpong el 'pingpong
Tor	la portería la porte'ria
Tor (Treffer)	el gol el gol
unentschieden	empatado empa'tado
verlieren	perder per'der
Volleyball	el voleibol el woläi'bol

Wandern

Ich möchte nach ... wandern.	Quiero ir a ... 'kjero‿ir a ...
Ich möchte auf den ... steigen.	Quiero ir al ... 'kjero‿ir al ...
Können Sie mir eine ▸ Tour empfehlen?	¿Puede usted recomendarme una ruta ▸ 'puede‿us'te(d) rekomen'darme‿'una 'ruta ▸
▸ leichte	▸ fácil? 'faθil?
▸ mittelschwere	▸ que no sea tan fácil? ke no 'sea tam 'faθil?

Wie lange dauert sie ungefähr?	¿Cuánto tiempo dura aproximadamente? 'kwanto 'tjempo 'dura_aprogsimada'mente?
Ist der Weg gut ▸	¿Está bien ▸ el camino? es'ta wjen ▸ el ka'mino?
▸ markiert?	▸ señalizado senjali'θado
▸ gesichert?	▸ asegurado asegu'rado
Kann man unterwegs einkehren?	¿Hay algún albergue alpino en el camino? ai_al'gun al'werge_al'pino_en el ka'mino?
Kann ich in diesen Schuhen gehen?	¿Puedo ir con estos zapatos? 'puedo_ir kon 'estos θa'patos?
Gibt es geführte Touren?	¿Hay rutas con guías? ai 'rutas kon 'gias?
Um wie viel Uhr fährt die letzte Bahn hinunter?	¿A qué hora baja el último funicular? a ke_'ora 'wacha_el 'ultimo funiku'lar?
Sind wir auf dem richtigen Weg nach ...?	¿Es éste el camino correcto para ...? es 'este_el ka'mino ko'rrekto 'para ...?
Wie weit ist es noch bis ...?	¿Cuánto queda para llegar a ...? 'kwanto 'keda 'para je'gar a ...?

Weitere Wörter

Berg	la montaña la mon'tanja
Bergführer	el guía de montaña el 'gia de mon'tanja
Bergsteigen	el alpinismo el alpi'nismo
Bergwacht	la guardia de montaña la 'guardia de mon'tanja
Gipfel	la cumbre la 'kumbre
Hütte	el refugio el re'fuchio
klettern	escalar eska'lar
Schlucht	el barranco el wa'rranko
Schutzhütte	el refugio de montaña el re'fuchio de mon'tanja
schwindelfrei sein	no tener vértigo no te'ner 'wertigo
Seil	la soga la 'soga
Seilbahn	el funicular el funiku'lar
Sessellift	el telesilla el tele'sija
Steigeisen	el trepador el trepa'dor
Teleskopstöcke	los bastones telescópicos los was'tones teles'kopikos
Wanderkarte	el mapa de rutas el 'mapa de 'rutas
Wanderschuhe	las botas de montaña las 'wotas de mon'tanja
Wanderweg	el sendero el sen'dero
Weg	el camino el ka'mino

Rad fahren

Ich möchte ein ▸ mieten. ▸ Fahrrad ▸ E-Bike ▸ Mountainbike	Quisiera alquilar una ▸ ki'sjera‿alki'lar 'una ▸ ▸ bicicleta. wiθi'kleta. ▸ ebici e'biθi ▸ bicicleta de montaña. wiθi'kleta de mon'tanja.
Ich hätte gern ein Fahrrad mit ... Gängen.	Quisiera una bicicleta con ... cambios. ki'sjera‿'una wiθi'kleta kon ... 'kambjos.
Haben Sie auch ein Fahrrad mit Rücktritt?	¿Tienen también bicicletas con freno de pedal? 'tjenen tam'bjen wiθi'kletas kom 'freno de pe'dal?
Ich möchte es für ▸ mieten. ▸ einen Tag ▸ eine Woche	Quisiera alquilarla para ▸ ki'sjera‿alki'larla 'para ▸ ▸ un día. un 'dia. ▸ una semana. 'una se'mana.
Bitte stellen Sie mir die Sattelhöhe ein.	Ajústeme la altura del sillín, por favor. a'chusteme la‿al'tura del si'jin, por fa'wor.
Bitte geben Sie mir einen Fahrradhelm.	Por favor, déme un casco de ciclismo. por fa'wor, 'deme‿un 'kasko de θi'klismo.

Kann ich einen Kinderfahrradsitz ausleihen?	¿Alquilan sillines de bicicleta para niños? al'kilan si'jines de wiθi'kleta 'para 'ninjos?
Haben Sie eine Fahrradkarte?	¿Tiene un mapa de rutas para bicicletas? 'tjene‿un 'mapa de 'rutas 'para wiθi'kletas?

Weitere Wörter

Fahrradflickzeug	el parche el 'partsche
Fahrradkorb	la cesta para la bicicleta la 'θesta 'para la wiθi'kleta
Handbremse	el freno de mano el 'freno de 'mano
Kinderfahrrad	la bicicleta de niño la wiθi'kleta de 'ninjo
Licht	la luz la luθ
Luftpumpe	la bomba neumática la 'womba ne-u'matika
Radweg	el carril de bicicletas el ka'rril de wiθi'kletas
Reifen	el neumático el ne-u'matiko
Sattel	el sillín el si'jin
Satteltaschen	las bolsas laterales las 'wolsas late'rales
Schlauch	la cámara la 'kamara
Ventil	la válvula la 'walwula

Adventure-Sports

Ausritt	**el paseo a caballo** el pa'seo a ka'wajo
Ballonfahrt	**el vuelo en globo aerostático** el 'wuelo‿en 'glowo aero'statiko
Bungee-Jumping	**el puenting** el 'puenting
Drachenfliegen	**el vuelo en ala-delta** el 'wuelo‿en ala'delta
Fallschirmspringen	**el paracaidismo** el parakai'dismo
Freeclimbing	**la escalada libre** la‿eska'lada 'liwre
Gleitschirmfliegen	**el parapente** el para'pente
Kajak	**la piragua** la pi'ragua
Kanu	**la canoa** la ka'noa
Kitesurfen	**el kite surfing** el 'kait 'surfin
Rafting	**el rafting, el descenso en balsa** el 'rafting, el de'senso en 'balsa
reiten	**cabalgar** kawal'gar
Segelfliegen	**el vuelo sin motor** el 'wuelo sin mo'tor
Segelflugzeug	**el planeador** el planea'dor
segeln	**hacer vela, navegar** a'θer 'wela, nawe'gar
Stand-up-Paddeln	**el paddle surf** el 'paddle surf

Besichtigungen

Touristeninformation

Wo ist die Touristeninformation?	¿Dónde está la oficina de turismo? 'donde‿es'ta la‿ofi'θina de tu'rismo?
Ich möchte ▸	Quisiera ▸ ki'sjera ▸
▸ einen Stadtplan.	▸ un plano de la ciudad. um 'plano de la θiu'da(d).
▸ einen U-Bahn-Plan.	▸ un plano del metro. um 'plano del 'metro.
▸ einen Veranstaltungskalender.	▸ un programa de actividades. um pro'grama de‿aktiwi'dades.
▸ einen Plan von der Umgebung.	▸ un plano de los alrededores. um 'plano de los alrede'dores.
Haben Sie auch Prospekte auf Deutsch?	¿Tienen también folletos en alemán? 'tjenen tam'bjen fo'jetos en ale'man?
Gibt es ▸	¿Hay ▸ de la ciudad? ai ▸ de la θiu'da(d)?
▸ Stadtrundfahrten?	▸ circuitos turísticos θirku'itos tu'ristikos
▸ Stadtführungen?	▸ visitas guiadas wi'sitas gi'adas

Was kostet die ►	¿Cuánto cuesta ► 'kwanto 'kuesta ►
► Rundfahrt?	► el circuito turístico? el θirku'ito tu'ristiko?
► Führung?	► la visita guiada? la wi'sita gi'ada?
Wie lange dauert die ►	¿Cuánto dura ► 'kwanto 'dura ►
► Rundfahrt?	► el circuito turístico? el θirku'ito tu'ristiko?
► Führung?	► la visita guiada? la wi'sita gi'ada?
Bitte ► für die Stadtrundfahrt.	Por favor, ► para el circuito turístico. por fa'wor, ► 'para‿el θirku'ito tu'ristiko.
► eine Karte	► un billete um bi'jete
► zwei Karten	► dos billetes dos wi'jetes
Welche Sehenswürdigkeiten gibt es hier?	¿Qué monumentos y lugares de interés hay aquí? ke monu'mentos i lu'gares de‿inte'res ai‿a'ki?
Wann ist ... geöffnet?	¿Cuándo está abierto ...? 'kuando‿es'ta‿a'wjerto ...?

Bitte für den Ausflug morgen nach ... einen Platz.	Por favor, una plaza para la excursión de mañana a ... por fa'wor, 'una 'plaθa 'para la‿eskur'sjon de ma'njana‿a ...
Bitte für den Ausflug morgen nach ... zwei Plätze.	Por favor, dos plazas para la excursión de mañana a ... por fa'wor, dos 'plaθas 'para la‿eskur'sjon de ma'njana‿a ...
Wann treffen wir uns?	¿Cúando nos encontramos? 'kwando nos enkon'tramos?
Wo treffen wir uns?	¿Dónde nos encontramos? 'donde nos enkon'tramos?
Besichtigen wir auch ...?	¿Vamos a visitar también ...? 'bamos a wisi'tar tam'bjen ...?

Besichtigungen

Wie viel kostet ▸	¿Cuánto cuesta la ▸ 'kwanto 'kuesta la ▸
▸ der Eintritt?	▸ entrada? en'trada?
▸ die Führung?	▸ visita guiada? wi'sita gi'ada?
Gibt es auch Führungen auf Deutsch?	¿Hay también visitas guiadas en alemán? ai tam'bjen bi'sitas gi'adas en ale'man?

Wann beginnt die Führung?	¿Cuándo comienza la visita guiada? 'kwando ko'mjenθa la wi'sita gi'ada?
Gibt es eine Ermäßigung für ▸ ▸ Familien? ▸ Kinder? ▸ Senioren? ▸ Studenten?	¿Hay precios especiales para ▸ ai 'preθios espe'θjales 'para ▸ ▸ familias? fa'milias? ▸ niños? 'ninjos? ▸ pensionistas? pensjo'nistas? ▸ estudiantes? estu'djantes?
Eine Karte bitte.	Una entrada, por favor. 'una‿en'trada, por fa'wor.
Zwei Karten bitte.	Dos entradas, por favor. dos en'tradas, por fa'wor.
Zwei Erwachsene, zwei Kinder, bitte.	Dos para adultos, dos para niños, por favor. dos 'para‿a'dultos, dos 'para 'ninjos, por fa'wor.
Ich hätte gern einen Audioguide ▸ ▸ auf Deutsch. ▸ auf Englisch.	Quisiera una audioguía ▸ ki'sjera‿'una‿audio'gia ▸ ▸ en alemán. en ale'man. ▸ en inglés. en in'gles.
Darf man fotografieren?	¿Se pueden sacar fotos? se 'pueden sa'kar 'fotos?

Können Sie bitte ein Foto von ► machen?	¿Podría hacer una foto de ► po'dria a'θer 'una 'foto de ►
► mir	► mí? mi?
► uns	► nosotros? no'sotros?

Weitere Wörter

Altar	el altar el al'tar
Altstadt	el casco antiguo el 'kasko‿an'tiguo
Amphitheater	el anfiteatro el amfite'atro
Araber	los árabes los 'arawes
Arena	la plaza de toros la 'plaθa de 'toros
Ausflugsboot	el ferry el 'ferri
Ausgrabungen	las excavaciones las eskawa'θjones
Ausstellung	la exposición la‿esposi'θjon
Barock	el barroco el war'roko
Basilika	la basílica la wa'silika
Berg	la montaña la mon'tanja
Bibliothek	la biblioteca la wiwlio'teka
Bild	el cuadro el 'kuadro
Botanischer Garten	el jardín botánico el char'dim bo'taniko
Brücke	el puente el 'puente
Brunnen	la fuente la 'fuente

Burg	el castillo el kas'tijo
Büste	el busto el 'wusto
Chor	el coro el 'koro
Denkmal	el monumento el monu'mento
Dom	la catedral la kate'dral
Epoche	la época la‿'epoka
Fassade	la fachada la fa'tschada
Fenster	la ventana la wen'tana
Festung	la fortaleza la forta'leθa
Fluss	el río el 'rio
Friedhof	el cementerio el θemen'terio
Galerie	la galería la gale'ria
Garten	el jardín el char'din
Gebäude	el edificio el edi'fiθjo
Gebirge	la sierra la 'sjerra
Gedenkstätte	el lugar conmemorativo el lu'gar kommemora'tiwo
Gegend	la zona la 'θona
Gemälde	la pintura la pin'tura
Gewölbe	la bóveda la 'woweda
Glocke	la campana la kam'pana
Glockenspiel	el carrillón el karri'jon
Glockenturm	el campanario el kampa'nario
Gobelin	el tapiz el ta'piθ
Gotik	el gótico el 'gotiko
Gottesdienst	la misa la 'misa
Grab	el sepulcro el se'pulkro

Hafen	el puerto el 'puerto
Halbinsel	la península la pe'ninsula
Hauptstadt	la capital la kapi'tal
Haus	la casa la 'kasa
Hof	el patio el 'patio
Höhle	la cueva la 'kuewa
Hügel	el monte el 'monte
Insel	la isla la‿isla
Jahrhundert	el siglo el 'siglo
jüdisch	judío chu'dio
Kapelle	la capilla la ka'pija
Katakomben	la catacumba la kata'kumba
Kathedrale	la catedral la kate'dral
katholisch	católico ka'toliko
Keramik	la cerámica la θe'ramika
Kirche	la iglesia la‿i'glesia
Kirchturm	la torre de la iglesia la 'torre de la‿i'glesia
Klassizismus	el clasicismo el klasi'θismo
Kloster	el monasterio el monas'terio
König	el rey el räi
Königin	la reina la 'räina
Kopie	la copia la 'kopia
Kreuz	la cruz la kruθ
Kreuzgang	el claustro el 'klaustro
Kronjuwelen	las joyas de la corona las 'chojas de la ko'rona

Kunst .... el arte el 'arte
Kuppel .... la cúpula la 'kupula
Landschaft .... el paisaje el pai'sache
Malerei .... la pintura la pin'tura
Markt .... el mercado el mer'kado
Markthalle .... el mercado cubierto el mer'kado ku'wjerto
Marmor .... el mármol el 'marmol
Mauer .... la muralla la mu'raja
maurisch .... morisco mo'risko
Mausoleum .... el mausoleo el mauso'leo
Minarett .... el minarete el mina'rete
Mittelalter .... la edad media la‿e'da(d) 'media
Modell .... el modelo el mo'delo
Mosaik .... el mosaico el mo'saiko
Moschee .... la mezquita la meθ'kita
Mühle .... el molino el mo'lino
Museum .... el museo el mu'seo
Nationalpark .... el parque nacional el 'parke naθjo'nal
Naturschutzgebiet .... la reserva natural la re'serwa natu'ral
Obelisk .... el obelisco el owe'lisko
Opernhaus .... la ópera la‿'opera
Orgel .... el órgano el 'organo
Original .... el original el orichi'nal

Palast	el palacio el pa'laθio
Park	el parque el 'parke
Platz	la plaza la 'plaθa
Porträt	el retrato el re'trato
Rathaus	el ayuntamiento el ajunta'mjento
Renaissance	el renacimiento el renaθi'mjento
restauriert	restaurado restau'rado
romanisch	románico ro'maniko
romantisch	romántico ro'mantiko
römisch	romano ro'mano
Ruine	la ruina la ru'ina
Saal	el salón el sa'lon
Sandstein	la arenisca la‿are'niska
Sarkophag	el sarcófago el sar'kofago
Säule	la columna la ko'lumna
Schatzkammer	la cámara del tesoro la 'kamara del te'soro
Schloss	el palacio el pa'laθio
Schlucht	la garganta la gar'ganta
See	el lago el 'lago
Seilbahn	el funicular el funiku'lar
Sightseeing-Bus	el bus turístico el bus tu'ristiko
Skulptur	la escultura la‿eskul'tura
Stadion	el estadio el es'tadio
Stadtmauer	la muralla la mu'raja

Stadtteil	el barrio el 'warrio
Statue	la estatua la_es'tatua
Stausee	el pantano el pan'tano
Sternwarte	el observatorio el owserwa'torio
Stil	el estilo el es'tilo
Synagoge	la sinagoga la sina'goga
Tal	el valle el 'waje
Tempel	el templo el 'templo
Theater	el teatro el te'atro
Töpferei	la alfarería la_alfare'ria
Tor	la puerta la 'puerta
Triumphbogen	el arco de triunfo el 'arko de tri'umfo
Turm	la torre la 'torre
Überreste	los restos (mortales) los 'restos (mor'tales)
Universität	la universidad la_uniwersi'da(d)
Vulkan	el volcán el wol'kan
Wachablösung	el relevo de la guardia el re'lewo de la 'guardia
Wald	el bosque el 'woske
Wallfahrtsort	el lugar de peregrinación el lu'gar de peregrina'θjon
Wappen	el escudo el es'kudo
Wasserfall	la cascada la kas'kada

Weinberge	los viñedos los wi'njedos
Weinkeller	la bodega la wo'dega
Weinprobe	la degustación de vino la degusta'θjon de 'wino
Werk	la obra la‿owra
Wüste	el desierto el de'sjerto
Zoo	el zoo el θo

Unterhaltung

Kulturveranstaltungen

Welche Veranstaltungen finden ► Woche statt?	¿Qué actos culturales tienen lugar ► ke‿'aktos kultu'rales 'tjenen lu'gar ►
► diese	► esta semana? 'esta se'mana?
► nächste	► la semana que viene? la se'mana ke 'wjene?
Was wird heute gespielt?	¿Qué ponen hoy? ke 'ponen oi?
Wann beginnt ►	¿A qué hora empieza ► a ke‿'ora‿em'pjeθa ►
► die Vorstellung?	► la sesión? la se'sjon?
► das Konzert?	► el concierto? el kon'θjerto?
► der Film?	► la película? la pe'likula?

Sind die Plätze nummeriert?	¿Están numerados los asientos? es'tan nume'rados los a'sjentos?
Haben Sie noch Karten für ▸ ▸ heute? ▸ morgen?	¿Le quedan entradas para ▸ le 'kedan en'tradas 'para ▸ ▸ hoy? oi? ▸ mañana? ma'njana?
Bitte zwei Karten für ▸ ▸ heute. ▸ heute Abend. ▸ morgen. ▸ die Vorstellung um ... Uhr. ▸ den Film um ... Uhr.	Por favor, dos entradas para ▸ por fa'wor, dos en'tradas 'para ▸ ▸ hoy. oi. ▸ esta tarde. 'esta 'tarde. ▸ mañana. ma'njana. ▸ la actuación de las ... la‿aktua'θjon de las ... ▸ la película de las ... la pe'likula de las ...
Wie viel kostet eine Karte?	¿Cuánto cuesta una entrada? 'kwanto 'kuesta‿'una‿en'trada?
Gibt es eine Ermäßigung für ▸ ▸ Kinder? ▸ Senioren? ▸ Studenten?	¿Hacen descuento a ▸ 'aθen des'kuento‿a ▸ ▸ niños? 'ninjos? ▸ pensionistas? pensjo'nistas? ▸ estudiantes? estu'djantes?
Wann ist die Vorstellung zu Ende?	¿A qué hora termina la sesión? a ke‿'ora ter'mina la se'sjon?

Weitere Wörter

Ballett	el ballet el wa'let
Kino	el cine el 'θine
Konzert	el concierto el kon'θjerto
Musical	el musical el musi'kal
Oper	la ópera la_'opera
Operette	la opereta la_ope'reta
Theater	el teatro el te'atro
Untertitel	el subtítulo el suw'titulo
Zirkus	el circo el 'θirko

Ausgehen

Was kann man hier abends unternehmen?
¿Qué se puede hacer aquí por la noche?
ke se 'puede_a'θer a'ki por la 'notsche?

Gibt es hier ▸
▸ eine nette Kneipe?
¿Hay por aquí ▸ ai por a'ki ▸
▸ algún bar interesante?
al'gum bar intere'sante?

▸ einen angesagten Club?
▸ un club de moda?
un klub de 'moda?

Wo kann man hier tanzen gehen?
¿Adónde se puede ir aquí a bailar? a'donde se 'puede_ir a'ki_a wai'lar?

Ist hier noch frei?	¿Está todavía libre? es'ta toda'wia 'liwre?
Darf ich Sie | dich (zu einem Drink) einladen?	¿Puedo invitarle | invitarte (a una copa)? 'puedo imbi'tarle | imbi'tarte (a una 'kopa)?
Was möchten Sie | möchtest du trinken? *▸ Essen & Trinken, S. 97*	¿Qué quiere | quieres beber? ke 'kjere | 'kjeres we'wer?
Tanzen Sie mit mir?	¿Quiere bailar conmigo? 'kjere wai'lar kom'migo?
Tanzt du mit mir?	¿Quieres bailar conmigo? 'kjeres wai'lar kom'migo?
Können Sie mir ein Taxi rufen?	¿Puede llamar a un taxi? 'puede ja'mar a‿un 'tagsi?

Gut zu wissen

Notruf

Hilfe!	¡Socorro! so'korro!
Es ist ein Unfall passiert!	¡Ha habido un accidente! a‿a'wido‿un agθi'dente!
Rufen Sie bitte einen ▸	¡Por favor, llame ▸ por fa'wor, 'jame ▸
▸ Krankenwagen!	▸ una ambulancia! 'una‿ambu'lanθia!
▸ Notarzt!	▸ a un médico de urgencia! a‿un 'mediko de‿ur'chenθia!
Bitte helfen Sie!	¡Ayude, por favor! a'jude, por fa'wor!
... Personen sind (schwer) verletzt.	... personas han resultado heridas (de gravedad). ... per'sonas an resul'tado‿e'ridas (de grawe'dad).

Info Mit der europaweiten Notrufnummer 112 erreichen Sie die Polizei, die Feuerwehr sowie den Rettungsdienst. Alternativ wählen Sie in Spanien für den Rettungsdienst (ambulancia) die Nummer 061, für die Polizei (policía) die Nummer 091.

Polizei

Wo ist das nächste Polizeirevier?	¿Dónde está la comisaría más cercana? 'donde_es'ta la komisa'ria mas θer'kana?
Ich möchte ▸ anzeigen.	Quiero denunciar ▸ 'kjero denun'θjar ▸
▸ einen Diebstahl	▸ un robo. un 'rowo.
▸ einen Überfall	▸ un atraco. un a'trako.
▸ eine Vergewaltigung	▸ una violación. 'una wiola'θjon.
Man hat mir ▸ gestohlen.	Me han robado ▸ me_an ro'wado ▸
▸ meine Handtasche	▸ el bolso de mano. el 'wolso de 'mano.
▸ mein Portemonnaie	▸ el monedero. el mone'dero.
Ich habe ... verloren.	He perdido ... e per'dido ...
Mein Auto ist aufgebrochen worden.	Me han abierto el coche. me_an a'wjerto_el 'kotsche.
Ich bin ▸ worden.	Me han ▸ me_an ▸
▸ betrogen	▸ engañado. enga'njado.
▸ zusammengeschlagen	▸ pegado. pe'gado.

Ich brauche eine Bescheinigung für meine Versicherung.	Necesito un certificado para mi seguro. neθe'sito_un θertifi'kado 'para mi se'guro.
Ich möchte mit meinem ▸ sprechen.	Quiero hablar con mi ▸ 'kjero_a'wlar kon mi ▸
▸ Anwalt	▸ abogado. awo'gado.
▸ Konsulat	▸ consulado. konsu'lado.
Ich bin unschuldig.	Soy inocente. soi_ino'θente.

Das könnten Sie hören:

Rellene este formulario, por favor.
re'jene_'este formu'lario, por fa'wor.
Füllen Sie bitte dieses Formular aus.

Su carné, por favor. – Ihren Ausweis bitte.
su kar'ne, por fa'wor.

¿Dónde ha pasado? – Wo ist es passiert?
'donde _a pa'sado?

¿Cuándo ha pasado? – Wann ist es passiert?
'kwando _a pa'sado?

Por favor, diríjase al consulado de su país.
por fa'wor, di'richase_al konsu'lado de su pa'is.
Wenden Sie sich bitte an Ihr Konsulat.

Weitere Wörter

Anzeige	**la denuncia** la de'nunθja
belästigen	**molestar** moles'tar
Botschaft (diplomatische Vertretung)	**la embajada** la‿emba'chada
Dieb	**el ladrón** el la'dron
Falschgeld	**el dinero falso** el di'nero 'falso
Fundbüro	**la oficina de objetos perdidos** la‿ofi'θina de‿ow'chetos per'didos
Handtasche	**el bolso de mano** el 'wolso de 'mano
Navigationsgerät	**el navegador GPS** el nawega'dor chepe'ese
Polizei	**la policía** la poli'θia
Polizist	**el policía** el poli'θia
Portemonnaie	**el monedero** el mone'dero
Rauschgift	**la droga** la 'droga
Taschendieb	**el carterista** el karte'rista
Unfall	**el accidente** el agθi'dente
verhaften	**detener** dete'ner
Zeuge	**el testigo** el tes'tigo

Gesundheit

Apotheke

Wo ist die nächste Apotheke (mit Nachtdienst)?
¿Dónde está la farmacia (de guardia) más próxima?
'donde‿es'ta la far'maθia (de 'guardia) mas 'progsima?

Haben Sie etwas gegen ...?
▸ *Krankheiten, S. 191*
¿Tienen algo contra ...?
'tjenen 'algo 'kontra ...?

Ich brauche dieses Medikament.
Necesito este medicamento.
neθe'sito‿'este medika'mento.

Das könnten Sie hören:

Este medicamento necesita receta médica.
'este medika'mento neθe'sita re'θeta 'medika.
Dieses Medikament ist rezeptpflichtig.

No lo tenemos aquí.
no lo te'nemos a'ki.
Das haben wir nicht da.

Tenemos que pedirlo.
te'nemos ke pe'dirlo.
Wir müssen es bestellen.

Wann kann ich es abholen?
¿Cuándo lo puedo recoger?
'kwando lo 'puedo reko'cher?

Medikamente

Abführmittel	el laxante el lag'sante
Antibiotikum	el antibiótico el anti'wjotiko
Augentropfen	las gotas de ojos las 'gotas de‿'ochos
Beruhigungsmittel	el tranquilizante el trankili'θante
Desinfektionsmittel	el desinfectante el desimfek'tante
Elastikbinde	la venda elástica la 'wenda‿e'lastika
fiebersenkendes Mittel	el antipirético el antipi'retiko
Fieberthermometer	el termómetro el ter'mometro
Halsschmerz-tabletten	las pastillas para la garganta las pas'tijas 'para la gar'ganta
homöopathisch	homeopático omeo'patiko
Hustensaft	el jarabe para la tos el cha'rawe 'para la tos
Insulin	la insulina la‿insu'lina
Jod	el yodo el 'jodo
Kohletabletten	las pastillas de carbón las pas'tijas de kar'won
Kondome	los preservativos los preserwa'tiwos

Kopfschmerz-tabletten	las pastillas para el dolor de cabeza las pas'tijas 'para_el do'lor de ka'weθa
Kreislaufmittel	el remedio circulatorio el re'medio θirkula'torio
Magentabletten	las pastillas para el estómago las pas'tijas 'para_el es'tomago
Mittel gegen ...	el medicamento contra ... el medika'mento 'kontra ...
Mullbinde	la venda de gasa la 'wenda de 'gasa
Nasentropfen	las gotas para la nariz las 'gotas 'para la na'riθ
Ohrentropfen	las gotas para los oídos las 'gotas 'para los o'idos
Pflaster	el esparadrapo el espara'drapo
Rezept	la receta la re'θeta
Salbe	la pomada la po'mada
Salbe gegen Mückenstiche	la pomada para las picaduras de mosquitos la po'mada 'para las pika'duras de mos'kitos
Salbe gegen Sonnenallergie	la pomada para alergias solares la po'mada 'para_a'lerchias so'lares
Schlaftabletten	el somnífero el som'nifero
Schmerzmittel	el analgésico el anal'chesiko
Spritze	la inyección la_injeg'θjon

Tabletten	las pastillas las pas'tijas
Tabletten gegen ...	las pastillas contra ... las pas'tijas 'kontra ...
Tropfen	las gotas las 'gotas
Verbandszeug	los vendajes los wen'daches
Wundsalbe	el ungüento el un'guento
Zäpfchen	el supositorio el suposi'torio

Arzt

Können Sie mir einen ▸ empfehlen?	¿Puede recomendarme un ▸ 'puede rekomen'darme‿un ▸
▸ praktischen Arzt	▸ médico de medicina general? 'mediko de medi'θina chene'ral?
▸ Zahnarzt	▸ dentista? den'tista?
Spricht er Deutsch?	¿Habla alemán? 'awla‿ale'man?
Spricht er Englisch?	¿Habla inglés? 'awla‿in'gles?
Wo ist seine Praxis?	¿Dónde está su consulta? 'donde‿es'ta su kon'sulta?
Wann hat er Sprechstunde?	¿Cuándo tiene horas de consulta? 'kwando 'tjene‿'oras de kon'sulta?

Kann er herkommen?	¿Puede venir aquí? 'puede we'nir a'ki?
Ich habe ►	Tengo ► 'tengo ►
► Kopfschmerzen.	► dolor de cabeza. do'lor de ka'weθa.
► Halsschmerzen.	► dolor de garganta. do'lor de gar'ganta.
► Fieber.	► fiebre. 'fjewre.
► hohes Fieber.	► fiebre alta. 'fjewre 'alta.
► Durchfall	► diarrea. dia'rrea.
Ich bin (stark) erkältet.	Estoy (muy) ♂ resfriado / ♀ resfriada. es'toi (mui) ♂ resfri'ado / ♀ resfri'ada.
Mir ist schwindelig.	Me mareo. me ma'reo.
Mir tut ... weh. ‣ *Körperteile, S. 188*	Me duele ... me 'duele ...
Mir tun ... weh.	Me duelen ... me 'duelen ...
Hier habe ich Schmerzen.	Tengo dolores aquí. 'tengo do'lores a'ki.
Ich habe mich (mehrmals) übergeben.	He vomitado (varias veces). e womi'tado ('warias 'weθes).

Ich habe mir den Magen verdorben.	Tengo una indigestión. 'tengo_'una_indiches'tjon.
Ich bin ohnmächtig geworden.	Me he desmayado. me_e desma'jado.
Ich kann ... nicht bewegen.	No puedo mover ... no 'puedo mo'wer ...
Ich habe mich verletzt.	Me he herido. me_e_e'rido.
Ich bin gestürzt.	Me he caído. me_e ka'ido.
Mich hat ... gestochen.	Me ha picado ... me_a pi'kado ...
Mich hat ... gebissen.	Me ha mordido ... me_a mor'dido ...
Ich habe einen Herzschrittmacher.	Llevo un marcapasos. 'jewo_un marka'pasos.
Ich bin (nicht) gegen ... geimpft.	(No) He sido ♂ vacunado / ♀ vacunada contra ... (no) e 'sido ♂ waku'nado / ♀ waku'nada 'kontra ...
Ich bin allergisch gegen Penizillin.	Soy ♂ alérgico / ♀ alérgica a la penicilina. soi ♂ a'lerchiko / ♀ a'lerchika_a la peniθi'lina.

Mein Sohn ist allergisch gegen Milchprodukte.	Mi hijo es alérgico a los productos lácteos. mi‿'icho‿es a'lerchiko ‿a los pro'duktos 'lakteos.
Meine Tochter ist allergisch gegen Milchprodukte.	Mi hija es alérgica a los productos lácteos. mi‿icha‿es a'lerchika ‿a los pro'duktos 'lakteos.
Ich habe einen ▸ Blutdruck. ▸ hohen ▸ niedrigen	Tengo la tensión ▸ 'tengo la ten'sjon ▸ ▸ alta. 'alta. ▸ baja. 'bacha.
Ich bin (im ... Monat) schwanger.	Estoy embarazada (de ... meses). es'toi‿embara'θada (de ... 'meses).
Ich bin Diabetiker.	Soy ♂ diabético / ♀ diabética. soi ♂ dia'wetiko / ♀ dia'wetika.
Ich nehme regelmäßig diese Medikamente.	Tomo estos medicamentos con regularidad. 'tomo‿'estos medika'mentos kon regulari'da(d).

Das könnten Sie hören:

¿Qué molestias tiene?
ke mo'lestias 'tjene?
Was für Beschwerden haben Sie?

¿Dónde tiene los dolores?
'donde 'tjene los do'lores?
Wo haben Sie Schmerzen?

Saque la lengua.
'sake la 'lengua.
Zeigen Sie die Zunge.

Quítese la ropa de cintura para arriba.
'kitese la 'ropa de θin'tura 'para‿a'rriwa.
Bitte machen Sie den Oberkörper frei.

Tenemos que hacerle radiografías.
te'nemos ke‿a'θerle radiogra'fias.
Wir müssen Sie röntgen.

Respire hondo. Mantenga la respiración.
res'pire‿'ondo. man'tenga la respira'θjon.
Atmen Sie tief ein. Atem anhalten.

¿Desde cuándo tiene esas molestias?
'desde 'kuando 'tjene‿'esas mo'lestias?
Wie lange haben Sie diese Beschwerden schon?

¿Está ♂ vacunado / ♀ vacunada contra ...?
es'ta ♂ waku'nado / ♀ waku'nada'kontra ...?
Sind Sie gegen ... geimpft?

Hay que operarle.
ai ke‿ope'rarle.
Sie müssen operiert werden.

No es nada grave.
no‿es 'nada 'grawe.
Es ist nichts Ernstes.

Vuelva mañana.
'buelwa ma'njana.
Kommen Sie morgen wieder.

Vuelva dentro de ... días.
'buelwa 'dentro de ... 'dias.
Kommen Sie in ... Tagen wieder.

Können Sie mir ein Attest ausstellen?
¿Puede usted hacerme un certificado médico?
'puede‿us'te(d) a'θerme‿un θertifi'kado 'mediko?

Muss ich noch einmal kommen?
¿Tengo que volver otra vez?
'tengo ke wol'wer 'otra weθ?

Ich brauche eine Quittung für meine Versicherung.
Necesito un recibo para mi seguro. neθe'sito un re'θiwo 'para mi se'guro.

Ärzte

Arzt	**el médico** el 'mediko
Ärztin	**la médica** la 'medika
Augenarzt	**el oculista** el oku'lista
Frauenarzt	**el ginecólogo** el chine'kologo
Frauenärztin	**la ginecóloga** la chine'kologa
Hals-Nasen-Ohren-Arzt	**el otorrinolaringólogo** el otorrinolarin'gologo
Hautarzt	**el dermatólogo** el derma'tologo
Kinderarzt	**el pediatra** el pe'djatra
Orthopäde	**el ortopeda** el orto'peda
Urologe	**el urólogo** el u'rologo
Zahnarzt	**el dentista** el den'tista

Krankenhaus

Spricht hier jemand Deutsch?	**¿Habla alguien alemán aquí?** 'awla‿'algjen ale'man a'ki?
Ich möchte mit einem Arzt sprechen.	**Quisiera hablar con un médico.** ki'sjera‿a'wlar kon un 'mediko.
Ich möchte mich lieber in Deutschland operieren lassen.	**Prefiero operarme en Alemania.** pre'fjero‿ope'rarme‿en ale'mania.

Ich habe eine Versicherung für den Rücktransport.	Tengo un seguro para la vuelta. 'tengo_un se'guro 'para la 'wuelta.
Bitte benachrichtigen Sie meine Familie.	Por favor, informe a mi familia. por fa'wor, im'forme_a mi fa'milia.
Schwester, können Sie mir helfen?	Enfermera, ¿puede ayudarme? emfer'mera, 'puede aju'darme?
Geben Sie mir bitte etwas ▸	Por favor, déme algo ▸ por fa'wor, 'deme_'algo ▸
▸ gegen die Schmerzen.	▸ contra los dolores. 'kontra los do'lores.
▸ zum Einschlafen.	▸ para dormir. 'para dor'mir.

Körperteile

Arm	el brazo el 'wraθo
Auge	el ojo el 'ocho
Bandscheibe	el disco intervertebral el 'disko_interwerte'wral
Bauch	el vientre el 'wjentre
Becken	la pelvis la 'pelwis
Bein	la pierna la 'pjerna
Blase	la vejiga la we'chiga
Blinddarm	el apéndice el a'pendiθe

Blut	la sangre la 'sangre
Bronchien	los bronquios los 'wronkios
Brust	el pecho el 'petscho
Darm	el intestino el intes'tino
Ferse	el talón el ta'lon
Finger	el dedo el 'dedo
Fuß	el pie el pje
Galle	la vesícula biliar la we'sikula wi'jar
Gehirn	el cerebro el θe'rewro
Gelenk	la articulación la‿artikula'θjon
Gesäß	el trasero el tra'sero
Geschlechtsorgane	los genitales los cheni'tales
Gesicht	la cara la 'kara
Hals	el cuello el 'kuejo
Hand	la mano la 'mano
Haut	la piel la pjel
Herz	el corazón el kora'θon
Hüfte	la cadera la ka'dera
Knie	la rodilla la ro'dija
Kniescheibe	la rótula la 'rotula
Knöchel	el tobillo el to'wijo
Knochen	el hueso el 'ueso
Kopf	la cabeza la ka'weθa
Körper	el cuerpo el 'kuerpo
Leber	el hígado el 'igado
Lunge	el pulmón el pul'mon

Magen	el estómago el es'tomago
Mandeln	las amígdalas las a'migdalas
Mund	la boca la 'woka
Muskel	el músculo el 'muskulo
Nacken	la nuca la 'nuka
Nase	la nariz la na'riθ
Nebenhöhle	el seno nasal lateral el 'seno na'sal late'ral
Nerv	el nervio el 'nerwio
Niere	el riñón el ri'njon
Ohr	el oído el o'ido
Rippe	la costilla la kos'tija
Rücken	la espalda la‿es'palda
Schienbein	la tibia la 'tiwia
Schilddrüse	el tiroides el ti'roides
Schleimhaut	la mucosa la mu'kosa
Schlüsselbein	la clavícula la kla'wikula
Schulter	el hombro el 'ombro
Sehne	el tendón el ten'don
Stirn	la frente la 'frente
Stirnhöhle	el seno frontal el 'seno fron'tal
Wade	la pantorrilla la panto'rija
Wirbel	la vértebra la 'wertebra
Wirbelsäule	la columna vertebral la ko'lumna 'wertebral
Zehe	el dedo del pie el 'dedo del pje
Zunge	la lengua la 'lengua

Krankheiten, Beschwerden

Abszess	el absceso el aws'θeso
Aids	el sida el 'sida
Allergie	la alergia la‿a'lerchia
Angina	las anginas las an'chinas
Asthma	el asma el 'asma
Atembeschwerden	las dificultades respiratorias las difikul'tades respira'torias
Ausschlag	la erupción la‿erup'θjon
Bänderriss	la rotura de ligamento la ro'tura de liga'mento
Bänderzerrung	la distensión de ligamento la disten'sjon de liga'mento
Bindehaut-entzündung	la conjuntivitis la konchunti'witis
Biss	la mordedura la morde'dura
Blase	la ampolla la‿am'poja
Blasenentzündung	la cistitis la θis'titis
Blinddarm-entzündung	la apendicitis la‿apendi'θitis
Blutung	la hemorragia la‿emo'rrachia
Blutvergiftung	la septicemia la septi'θemia
bösartiger Tumor	el tumor maligno el tu'mor ma'ligno
Bronchitis	la bronquitis la wron'kitis
Bypass	el bypass el wai'pas
Diabetes	la diabetes la dia'wetes

Durchfall	la diarrea la dia'rrea
Entzündung	la inflamación la‿imflama'θjon
Erbrechen	el vómito el 'womito
Erkältung	el resfriado el res'friado
Fieber	la fiebre la 'fjewre
Gallensteine	las piedras en la vesícula las 'pjedras en la we'sikula
gebrochen	roto 'roto
Gehirnerschütterung	la conmoción cerebral la konmo'θjon θere'wral
Geschlechts-krankheit	la enfermedad venérea la‿emferme'da(d) we'nerea
Geschwür	la úlcera la‿'ulθera
Grippe	la gripe la 'gripe
gutartiger Tumor	el tumor benigno el tu'mor be'nigno
Hämorriden	las hemorroides las emo'rroides
Herpes	el herpes el 'erpes
Herzanfall	el ataque cardíaco el a'take kar'diako
Herzfehler	la lesión cardíaca la les'jon kar'diaka
Herzinfarkt	el infarto el im'farto
Herzschrittmacher	el marcapasos el marka'pasos

Heuschnupfen .... la fiebre del heno
la 'fjewre del 'eno
Hexenschuss .... el lumbago el lum'bago
Hirnhautentzündung la meningitis la menin'chitis
hoher Blutdruck .... la tensión alta la ten'sjon 'alta
Husten .... la tos la tos
Infektion .... la infección la‿imfeg'θjon
Ischias .... la ciática la 'θiatika
Keuchhusten .... la tos ferina la tos fe'rina
Kinderlähmung .... la parálisis infantil
la pa'ralisis imfan'til
Kolik .... el cólico el 'koliko
Krampf .... el calambre el ka'lambre
Krankheit .... la enfermedad
la‿emferme'da(d)
Krebs .... el cáncer el 'kanθer
Kreislaufstörungen ... los trastornos circulatorios
los tras'tornos θirkula'torios
Lebensmittel-vergiftung .... la intoxicación alimenticia
la‿intogsika'θjon alimen'tiθia
Leistenbruch .... la hernia inguinal
la‿'ernia‿ingi'nal
Lungenentzündung .. la pulmonía la pulmo'nia
Magengeschwür .... la úlcera de estómago
la‿'ulθera de‿es'tomago
Magenschmerzen ..... el dolor de estómago
el do'lor de‿es'tomago

Malaria	la malaria la ma'laria
Mandelentzündung	la amigdalitis la_amigda'litis
Masern	el sarampión el saram'pjon
Migräne	la jaqueca la cha'keka
Mittelohr-entzündung	la otitis media la_o'titis 'media
Mumps	las paperas las pa'peras
Muskelzerrung	la distensión muscular la disten'sjon musku'lar
Nasenbluten	la hemorragia nasal la_emo'rrachia na'sal
Neuralgie	la neuralgia la ne-u'ralchia
niedriger Blutdruck	la tensión baja la ten'sjon 'wacha
Nierensteine	los cálculos renales los 'kalkulos re'nales
Pilzinfektion	la micosis la mi'kosis
Prellung	la contusión la kontu'sjon
Reisekrankheit	el mareo el ma'reo
Rheuma	el reuma el 're-uma
Röteln	la rubéola la ru'weola
Salmonellen-vergiftung	la salmonelosis la salmone'losis
Scharlach	la escarlatina la_eskarla'tina
Schlaganfall	la apoplegía la_apople'chia
Schnupfen	el constipado el konsti'pado
Schock	el choc el tschok

Schüttelfrost .... los escalofríos los eskalo'frios
Schweißausbruch ...... la sudoración la sudora'θjon
Schwellung .... la hinchazón la_intscha'θon
Schwindel .... el mareo el ma'reo
Sehnenzerrung .... la distensión de un tendón
la disten'sjon de_un ten'don
Sodbrennen .... el ardor de estómago
el ar'dor de_es'tomago
Sonnenstich .... la insolación la_insola'θjon
Stich .... la picadura la pika'dura
Tetanus .... el tétano el 'tetano
Übelkeit .... las náuseas las 'nauseas
Verbrennung .... la quemadura la kema'dura
Verletzung .... la herida la_e'rida
verrenkt .... dislocado dislo'kado
verstaucht .... distorsionado distorsjo'nado
Verstopfung .... el estreñimiento
el estrenji'mjento
Windpocken .... la varicela la wari'θela
Wunde .... la herida la_e'rida
Zeckenbiss .... la mordedura de garrapata
la morde'dura de garra'pata
Zyste .... el quiste el 'kiste

Zahnarzt

Dieser Zahn hier tut weh.	Este diente aqui me duele. 'este 'djente a'ki me 'duele.
Der Zahn ist abgebrochen.	El diente está roto. el 'djente_es'ta 'roto.
Ich habe eine ▸ verloren.	He perdido ▸ e per'dido ▸
▸ Füllung	▸ un empaste. un em'paste.
▸ Krone	▸ una corona. 'una ko'rona.
Können Sie den Zahn provisorisch behandeln?	¿Puede usted tratarme provisionalmente este diente? 'puede_us'te(d) tra'tarme prowisjonal'mente_'este 'djente?
Den Zahn bitte nicht ziehen.	Por favor, no extraiga el diente. por fa'wor, no_es'traiga_el 'djente.
Geben Sie mir bitte eine Spritze.	Por favor, póngame una inyección. por fa'wor, 'pongame 'una _injeg'θjon.
Können Sie diese Prothese reparieren?	¿Puede arreglarme esta prótesis? 'puede_arre'glarme_'esta 'protesis?

Das könnten Sie hören:

Usted necesita un puente dental.
us'te(d) neθe'sita un 'puente den'tal.
Sie brauchen eine Brücke.

Tengo que extraerle el diente.
'tengo ke‿estra'erle‿el 'djente.
Ich muss den Zahn ziehen.

Por favor, no coma nada durante dos horas.
por fa'wor, no 'koma 'nada du'rante dos 'oras.
Bitte zwei Stunden nichts essen.

Weitere Wörter

Abdruck	el molde el 'molde
Amalgamfüllung	el empaste de amalgama el em'paste de‿amal'gama
Gebiss	la dentadura la denta'dura
Goldinlay	el empaste de oro el em'paste de‿'oro
Inlay	el implante el im'plante
Karies	la caries la 'karies
Kiefer	la mandíbula la man'diwula
Kunststofffüllung	el empaste de materia sintética el em'paste de ma'teria sin'tetika
Nerv	el nervio el 'nerwio

Parodontose	la parodontosis la parodon'tosis
Porzellanfüllung	el empaste de porcelana el em'paste de porθe'lana
Provisorium	el arreglo provisional el a'rreglo prowisjo'nal
Weisheitszahn	la muela del juicio la 'muela del 'chuiθio
Wurzel	la raíz la ra'iθ
Wurzelbehandlung	el tratamiento de la raíz el trata'mjento de la ra'iθ
Zahnfleisch	las encías las en'θias
Zahnfleisch-entzündung	la infección de las encías la‿imfeg'θjon de las en'θias

Bank

Entschuldigen Sie bitte, wo ist hier ▸	Perdón, ¿dónde hay un ▸ por aquí? per'don, 'donde‿ai um ▸ por a'ki?
▸ eine Bank?	▸ banco 'banko
▸ ein Geldautomat?	▸ cajero automático ka'chero‿auto'matiko
Wo kann ich Geld wechseln?	¿Dónde podría cambiar dinero? 'donde po'dria kam'bjar di'nero?
Ich möchte ... Euro umtauschen.	Quisiera cambiar ... euros. ki'sjera kam'bjar ... 'e-uros.

Ich möchte ... Schweizer Franken umtauschen.	Quisiera cambiar ... francos suizos. ki'sjera kam'bjar ... 'frankos 'suiθos.
Wie hoch sind die Gebühren?	¿A cuánto asciende el porte? a 'kwanto_as'θjende_el 'porte?

Das könnten Sie hören:

Su carné de identidad, por favor.
su kar'ne de_identi'da(d), por fa'wor.
Ihren Ausweis bitte.

¿Cómo desea el dinero?
'komo de'sea_el di'nero?
Wie möchten Sie das Geld haben?

In kleinen Scheinen, bitte.	En billetes pequeños, por favor. em bi'jetes pe'kenjos, por fa'wor.
Der Geldautomat hat meine Karte einbehalten.	El cajero automático se ha tragado mi tarjeta. el ka'chero_auto'matiko se_a tra'gado mi tar'cheta.
Ich habe meine Geheimzahl vergessen.	He olvidado mi número secreto. e_olwi'dado mi 'numero se'kreto.

Weitere Wörter

Betrag	el importe el im'porte
EC-Karte	la tarjeta de débito la tar'cheta de 'debito
Euro	el euro el 'e-uro
Geheimzahl	el número secreto el 'numero se'kreto
Geld	el dinero el di'nero
Kartennummer	el número de la tarjeta el 'numero de la tar'cheta
Kreditkarte	la tarjeta de crédito la tar'cheta de 'kredito
Kurs	la cotización la kotiθaθjon
Münze	la moneda la mo'neda
Schalter	la ventanilla la wenta'nija
Überweisung	la transferencia la transfe'renθia
Unterschrift	la firma la 'firma
Währung	la moneda la mo'neda
Wechselstube	la oficina de cambio la‿ofi'θina de 'kambjo

Post

Wo ist ▸	¿Dónde está ▸ 'donde_es'ta ▸
▸ das nächste Postamt?	▸ la oficina de correos más cercana? la_ofi'θina de kor'reos mas θer'kana?
▸ der nächste Briefkasten?	▸ el buzón más cercano? el bu'θon mas θer'kano?
Was kostet eine Karte nach ...?	¿Cuánto cuesta una postal para ...? 'kwanto 'kuesta_'una pos'tal 'para ...?
Fünf Briefmarken zu ... bitte.	Cinco sellos de ..., por favor. 'θinko 'sejos de ..., por fa'wor.
Ich möchte dieses Paket per ▸ aufgeben.	Quisiera mandar este paquete por ▸ ki'sjera man'dar 'este pa'kete por ▸
▸ Luftpost	▸ avión. a'wjon.
▸ Seepost	▸ correo marítimo. ko'rreo ma'ritimo.

Info Briefmarken sind in der Post (correos) und in Tabakläden (estancos) erhältlich. Es gibt keinen Preisunterschied zwischen Postkarten und Briefen innerhalb Europas.

Telefon, Internet

Wo kann ich hier telefonieren?	¿Dónde puedo llamar por teléfono? 'donde 'puedo ja'mar por te'lefono?
Ich hätte gern eine Telefonkarte.	Quisiera una tarjeta de teléfono. ki'sjera‿una tar'cheta de te'lefono.
Ich möchte eine SIM-Karte kaufen.	Quisiera comprar una tarjeta sim. ki'sjera kom'prar 'una tar'cheta sim.
Ich hätte gerne eine Prepaid-Karte.	Quería una tarjeta prepago. ke'ria‿'una tar'cheta pre'pago.
Ich möchte mein Guthaben aufladen.	Quería recargar el crédito de mi móvil. ke'ria‿rekar'gar el 'kredito de mi 'mowil.
Hallo? Hier ist ...	¿Sí? Soy ... si? soi ...
Ich möchte ... sprechen.	Quisiera hablar con ... ki'sjera‿a'wlar kon ...
Wo gibt es hier ein Internet-Café?	¿Dónde hay por aquí un cibercafé? 'donde‿ai por a'ki‿un θiwerka'fe?

Wo gibt es kostenlosen WLAN-Zugang?	¿Hay wifi gratuito por aquí? ai 'wifi gra'tuito por a'ki?
Welchen Computer kann ich benutzen?	¿Qué ordenador puedo utilizar? ke‿ordena'dor 'puedo utili'θar?
Was kostet das für eine Viertelstunde?	¿Cuánto cuesta el cuarto de hora? 'kwanto 'kuesta‿el 'kuarto de‿'ora?
Können Sie mir bitte helfen?	¿Puede ayudarme? 'puede‿aju'darme?
Ich möchte etwas ▸	Quisiera ▸ algo. ki'sjera ▸ 'algo.
▸ ausdrucken.	▸ imprimir impri'mir
▸ scannen.	▸ escanear eskane'ar
Die Internetverbindung funktioniert nicht.	El acceso a internet no funciona. el ag'θeso a inter'net no fun'θjona.
Der Computer ist abgestürzt.	El ordenador se ha quedado colgado. el ordena'dor se‿a ke'dado kol'gado.

Reisewörterbuch

Deutsch–Spanisch

A

Abend *(früher Abend)* tarde *f* 'tarde; *(später Abend)* noche *f* 'notsche
Abendessen cena *f* 'θena
aber pero 'pero
Abfahrt salida *f* sa'lida
abholen recoger reko'cher
Abreise salida *f* sa'lida
Abschleppwagen grúa *f* 'grua
Abteil compartimento *m* komparti'mento
Adapter adaptador *m* adapta'dor
Adresse dirección *f* direg'θjon
ähnlich similar simi'lar
Akku batería recargable *f* bate'ria rekar'gawle
akzeptieren aceptar aθep'tar
Alkohol alcohol *m* alko'ol
alkoholfrei sin alcohol sin alko'ol
allein solo 'solo
allergisch alérgico a'lerchiko
alt viejo 'bjecho
Alter edad *f* e'da(d)
Altstadt casco antiguo *m* 'kasko‿an'tiguo
Ananas piña *f* 'pinja
Andenken recuerdo *m* re'kuerdo
Anfänger(in) principiante *m/f* prinθi'pjante
Angebot oferta *f* o'ferta
angeln pescar con caña pes'kar kon 'kanja
Angst miedo *m* 'mjedo
Ankunft llegada *f* je'gada
Anlegestelle atracadero *m* atraka'dero
Anmeldung inscripción *f* insrip'θjon
annullieren anular anu'lar
Anreise llegada *f* je'gada
anstatt en lugar de en lu'gar de

ansteckend contagioso konta'chjoso
antik antiguo an'tiguo
Antwort respuesta *f* res'puesta
Anzahlung pago por adelantado *m* 'pago por adelan'tado
Apfel manzana *f* man'θana
Apotheke farmacia *f* far'maθia
Aprikose albaricoque *m* alwari'koke
Arbeit trabajo *m* tra'wacho
arbeitslos parado pa'rado
arm pobre 'powre
Arm brazo *m* 'braθo
Arzt médico *m* 'mediko
Aschenbecher cenicero *m* θeni'θero
Aubergine berenjena *f* beren'chena
auch también tam'bjen
aufhören dejar de'char; *(enden)* terminar termi'nar
aufladen recargar rekar'gar
Aufpreis suplemento *m* suple'mento
aufschreiben anotar ano'tar
aufstehen levantarse lewan'tarse
Aufzug ascensor *m* asθen'sor
Auge ojo *m* 'ocho
Ausflug excursión *f* eskur'sjon
ausfüllen (re)llenar (re)je'nar
Ausgang salida *f* sa'lida
ausgebucht completo kom'pleto
Auskunft información *f* imforma'θjon
ausleihen alquilar alki'lar; prestar pres'tar
Ausnahme excepción *f* esθep'θjon
Aussicht vista *f* 'bista
Aussprache pronunciación *f* pronunθia'θjon
aussteigen bajar ba'char
Ausstellung exposición *f* esposi'θjon

ausverkauft agotado ago'tado
Ausweis carné *m* kar'ne
Automat autómata *m* au'tomata
automatisch automático auto'matiko
Autovermietung alquiler de coches *m* alki'ler de 'kotsches

B

Baby bebé *m* be'we
Bäckerei panadería *f* panade'ria
Bad baño *m* 'banjo
Badeanzug traje de baño *m* 'trache de 'wanjo
Badehose bañador *m* banja'dor
baden bañarse ba'njarse
Badewanne bañera *f* ba'njera
Bahnhof estación de trenes *f* esta'θjon de 'trenes
Bahnsteig andén *m* an'den
bald pronto 'pronto
Balkon balcón *m* bal'kon
Ball pelota *f* pe'lota
Banane plátano *m* 'platano
Bank banco *m* 'banko
bar al contado al kon'tado
Bart barba *f* 'barwa
Basketball baloncesto *m* balon'θesto
Batterie pila *f* 'pila
Bauernhof granja *f* 'grancha
Baum árbol *m* 'arwol
beenden terminar termi'nar
Beginn comienzo *m* ko'mjenθo
Begleitperson acompañante *m/f* akompa'njante
begrüßen saludar salu'dar
behindertengerecht acondicionado para discapacitados akondiθjo'nado 'para diskapaθi'tados
Beifahrer(in) copiloto *m/f* kopi'loto

Beilage guarnición guarni'θjon
Bein pierna *f* 'pjerna
Beispiel ejemplo *m* e'chemplo
beißen morder mor'der
bekannt conocido kono'θido
belästigen molestar moles'tar
benutzen usar u'sar
Benzin gasolina *f* gaso'lina
bequem cómodo 'komodo
Berg montaña *f* mon'tanja
Beruf profesión *f* profe'sjon
berühmt famoso fa'moso
berühren tocar to'kar
Besen escoba *f* es'kowa
besetzt ocupado oku'pado
besichtigen visitar bisi'tar
besser mejor me'chor
bestätigen confirmar komfir'mar
Besteck cubierto *m* ku'wjerto
bestellen pedir pe'dir
besuchen visitar bisi'tar
Betrag importe *m* im'porte
betrunken borracho bo'rratscho
Bett cama *f* 'kama
Bettdecke manta *f* 'manta
Bettwäsche ropa de cama *f* 'ropa de 'kama
bezahlen pagar pa'gar
BH sujetador *m* sucheta'dor
Bier cerveza *f* θer'werθa
Bikini bikini *m* bi'kini
billig barato ba'rato
biologisch biológico bio'lochiko
Birne pera *f* 'pera
bitte por favor por fa'wor; *(gern geschehen)* de nada de 'nada
blau azul a'θul
bleiben quedarse ke'darse
blind ciego ' θjego
Blitz rayo *m* 'rajo
blond rubio 'ruwio
Blume flor *f* flor
Bluse blusa *f* 'blusa
Blut sangre *f* 'sangre
Boden suelo *m* 'suelo

Boiler calentador de agua *m* kalenta'dor de 'agua
Boot bote *m* 'bote
Bootsverleih alquiler de barcas *m* alki'ler de 'warkas
Bordkarte tarjeta de embarque *f* tar'cheta de‿em'barke
Brand incendio *m* in'θendio
brauchen necesitar neθesi'tar
Bremse freno *m* 'freno
brennen quemar ke'mar
Briefmarke sello *m* 'sejo
Brille gafas *f/pl* 'gafas
Brot pan *m* pan
Brücke puente *m* 'puente
Bruder hermano *m* er'mano
Brust pecho *m* 'petscho
Buch libro 'liwro
buchen *(Flug etc.)* reservar reser'war
Bucht bahía *f* ba'ia
Buchung reserva *f* re'serwa
Büfett buffet *m* bu'ffet
Bügeleisen plancha *f* 'plancha
Bungalow bungaló *m* bunga'lo
Bus bus *m* bus
Butter mantequilla *f* mante'kija

C

Café cafetería *f* kafete'ria
Campingplatz camping *m* 'kamping
CD CD *m* θe'de
christlich cristiano kris'tjano
Computer ordenador *m* ordena'dor
Couch sofá *m* so'fa
Creme crema *f* 'krema

D

Dach tejado *m* te'chado
Dämmerung crepúsculo *m* kre'puskulo
danach después des'pues

danke gracias 'graθias
dasselbe lo mismo lo 'mismo
Dauer duración *f* dura'θjon
Daumen pulgar *m* pul'gar
dazwischen en medio en 'medio
defekt averiado awe'rjado
denken pensar pen'sar
Deo desodorante *m* desodo'rante
Desinfektionsmittel desinfectante *m* desinfek'tante
deswegen por eso por 'eso
deutlich claro 'klaro
deutsch alemán ale'man; auf Deutsch en alemán en ale'man
Deutsche(r) alemán, alemana *m/f* ale'man, ale'mana
Deutschland Alemania *f* ale'mania
Dialekt dialecto *m* dia'lekto
dick gordo 'gordo
Diebstahl robo *m* 'rowo
Digitalkamera cámara digital *f* 'kamara dichi'tal
direkt directo di'rekto
Diskussion discusión *f* disku'sjon
doch *(als Antwort)* sí si
Donner trueno *m* 'trueno
Doppelbett cama de matrimonio *f* 'kama de matri'monio
Doppelzimmer habitación doble *f* awita'θjon 'dowle
Dorf pueblo *m* 'puewlo
Dose lata *f* 'lata
Dosenöffner abrelatas *m* awre'latas
draußen fuera 'fuera
dreckig sucio 'suθio
dringend urgente ur'chente
drinnen dentro 'dentro
Droge droga *f* 'droga
drucken imprimir impri'mir
du tú tu
dumm tonto 'tonto
dunkel oscuro os'kuro
dünn delgado del'gado

durchgehend continuo kon'tinuo
dürfen poder po'der
Durst sed *f* se(d)
Dusche ducha *f* 'dutscha
DVD DVD *f* de-uwe-'de

E

ebenfalls igualmente igual'mente
echt auténtico au'tentiko
EC-Karte tarjeta de débito *f* tar'cheta de 'debito
Ecke esquina *f* es'kina
egal igual i'gual
Ehepaar matrimonio *m* matri'monio
ehrlich sincero sin'θero
Ei huevo *m* 'uewo
Eidechse lagartija *f* lagar'ticha
Eimer cubo *m* 'kuwo
einchecken *(Person)* embarcar embar'kar; *(Gepäck)* facturar faktu'rar
einfach simple 'simple
Eingang entrada *f* en'trada
einkaufen comprar kom'prar
Einkaufszentrum centro comercial *m* 'θentro komer'θjal
Einladung invitación *f* imbita'θjon
einmal una vez 'una weθ
einschalten encender enθen'der
einsteigen subir su'wir
Eintritt entrada *f* en'trada
Eintrittskarte entrada *f* en'trada
Einzelbett cama individual *f* 'kama‿indiwi'dual
Einzelzimmer habitación individual *f* awita'θjon indiwi'dual
Eis helado *m* e'lado
Eisbecher copa de helado *f* 'kopa de e'lado
Eiswürfel cubito de hielo *m* ku'wito de 'jelo
Eltern padres *m/pl* 'padres
E-Mail correo electrónico *m* ko'rreo‿elek'troniko

Empfang recepción *f* reθep'θjon
empfehlen recomendar rekomen'dar
Ende fin *m* fin
Endreinigung limpieza general *f* lim'pjeθa chene'ral
Endstation terminal *f* termi'nal
Entfernung distancia *f* dis'tanθia
Entschädigung indemnización *f* indemniθa'θjon
Entzündung inflamación *f* imflama'θjon
er él el
Erdbeben terremoto *m* terre'moto
Erdbeeren fresas *f/pl* 'fresas
Erdgeschoss planta baja *f* 'planta 'wacha
Erdnüsse cacahuetes *m/pl* kaka'uetes
Erfahrung experiencia *f* espe'rjenθia
Erholung descanso *m* des'kanso
Erkältung resfriado *m* res'friado
Erklärung explicación *f* esplika'θjon
erlauben permitir permi'tir
Ermäßigung descuento *m* des'kuento
ernst serio 'serio
erst primero pri'mero
erwarten esperar espe'rar
erzählen contar kon'tar
Erzieher educador *m* eduka'dor; ~in educadora *f* eduka'dora
essbar comestible komes'tiwle
essen comer ko'mer
essen gehen ir a comer ir a ko'mer
Essig vinagre *m* bi'nagre
Etage piso *m* 'piso
etwas algo 'algo
Euro euro *m* 'e-uro
evangelisch protestante protes'tante
extra extra 'egstra

F

Faden hilo *m* 'ilo
Fähre ferry *m* 'ferri
fahren *(Fahrer sein)* conducir kondu'θir; ir ir
Fahrer conductor *m* konduk'tor
Fahrkarte billete *m* bi'jete
Fahrplan horario *m* o'rario
Fahrrad bicicleta *f* biθi'kleta
Fahrzeugpapiere documentación del automóvil *f* dokumenta'θjon del auto'mowil
Familie familia *f* fa'milia
fantastisch fantástico fan'tastiko
Fasching, Karneval Carnaval *m* karna'wal
fast casi 'kasi
fehlen faltar fal'tar
Feier fiesta *f* 'fjesta
Feiertag día de fiesta *m* 'dia de 'fjesta
Fels roca *f* 'roka
Fenster ventana *f* ben'tana
Ferien vacaciones *f/pl* baka'θjones
Ferienwohnung apartamento para las vacaciones *m* aparta'mento 'para las waka'θjones
Fernglas prismáticos *m/pl* pris'matikos
Fernseher televisor *m* telewi'sor
fertig terminado termi'nado
Fest fiesta *f* 'fjesta
fett con mucha grasa kon 'mutscha 'grasa
fettarm *(Milch)* semidesnatado semidesna'tado
feucht húmedo 'umedo
Feuer fuego *m* 'fuego
Feueralarm alarma de incendio *m* a'larma de in'θendio
Feuerlöscher extintor *m* estin'tor
Feuerwehr bomberos *m/pl* bom'beros

Feuerzeug mechero *m* me'tschero
Fieber fiebre *f* 'fjewre
Filter filtro *m* 'filtro
finden encontrar enkon'trar
Finger dedo *m* 'dedo
Firma empresa *f* em'presa
Fisch pescado *m* pes'kado
FKK-Strand playa nudista *f* 'plaja nu'dista
flach plano 'plano
Flagge bandera *f* ban'dera
Flasche botella *f* bo'teja
Flaschenöffner abridor *m* awri'dor
Fledermaus murciélago *m* mur'θjelago
Fleisch carne *f* 'karne
fliegen volar bo'lar
flirten flirtear flirte'ar
Flitterwochen luna de miel 'luna de mjel
Flohmarkt rastro *m* 'rastro
Flugbegleiterin azafata *f* aθa'fata
Flughafen aeropuerto *m* aero'puerto
Fluss río *m* 'rio
Flüssigkeit líquido *m* 'likido
Flut marea alta *f* ma'rea_'alta
Föhn secador *m* seka'dor
folgen seguir se'gir
Formular formulario *m* formu'lario
Foto foto *f* 'foto
fotografieren sacar fotos sa'kar 'fotos
fragen preguntar pregun'tar
Frau mujer mu'cher; *(Anrede)* señora se'njora; *(Ehefrau)* esposa *f* es'posa
frei libre 'liwre
Freibad piscina (descubierta) *f* piscina (descubierta)
fremd extraño es'tranjo
Fremdenverkehrsamt Oficina de Turismo *f* ofi'θina de tu'rismo
Fremdsprache idioma extranjero *m* i'dioma estran'chero

Freund amigo *m* a'migo; *(Partner)* novio *m* 'nowio
Freundin amiga a'miga; *(Partnerin)* novia *f* 'nowia
freundlich amable a'mawle
Friedhof cementerio *m* θemen'terio
frisch fresco 'fresko
Friseur peluquero *m* pelu'kero
froh alegre a'legre
früh temprano tem'prano
Frühling primavera *f* prima'wera
Frühstück desayuno *m* desa'juno
Fuchs zorro *m* 'θorro
Führerschein carné de conducir *m* kar'ne de kondu'θir
Führung *(Besichtigung)* visita guiada *f* bi'sita gi'ada
Fundbüro oficina de objetos perdidos *f* ofi'θina de ‿ow'chetos per'didos
funktionieren funcionar funθjo'nar
für para 'para; por por
Fuß pie *m* pje
Fußball *(Spiel)* fútbol *m* 'futbol
Fußgängerzone zona peatonal *f* 'θona peato'nal

G

Gabel tenedor *m* tene'dor
Gang *(Menü)* plato *m* 'plato
Gans ganso *m* 'ganso; oca *f* 'oka
ganz todo 'todo
Garantie garantía *f* garan'tia
Garten jardín *m* char'din
Gasherd cocina de gas *f* ko'θina de gas
Gaskocher hornillo de gas *m* or'nijo de gas
Gast huésped *m* 'uesped
Gebäck pastas *f/pl* 'pastas
geben dar dar

Gebirge montaña *f* mon'tanja
Gebiss dentadura *f* denta'dura
gebraucht usado u'sado
gebrochen roto 'roto
Gebühr tarifa *f* ta'rifa
gebührenpflichtig *(Autobahn)* de peaje de pe'ache
Geburtsdatum fecha de nacimiento *f* 'fetscha de naθi'mjento
Geburtsort lugar de nacimiento *m* lu'gar de naθi'mjento
Geburtstag cumpleaños *m* kumple'anjos
Geduld paciencia *f* pa'θjenθia
Gefahr peligro *m* pe'ligro
gefallen gustar gus'tar
Geflügel aves *f/pl* 'awes
gegenüber enfrente (de) em'frente (de)
Geheimzahl número secreto *m* 'numero se'kreto
gehen ir ir
gehören pertenecer pertene'θer
Geige violín *m* bio'lin
Gel gel *m* chel
Geld dinero *m* di'nero
Geldautomat cajero automático *m* ka'chero‿auto'matiko
Geldbeutel monedero *m* mone'dero
gelten valer ba'ler
gemeinsam *(zusammen)* juntos 'chuntos; común ko'mun
gemischt mixto 'misto
Gemüse verdura *f* ber'dura
gemütlich acogedor akoche'dor
genießen disfrutar disfru'tar
genug suficiente sufi'θjente
geöffnet abierto a'wjerto
Gepäck equipaje *m* eki'pache
Gepäckaufbewahrung consigna *f* kon'signa

geradeaus todo recto 'todo 'rekto
Geräusch ruido *m* 'ruido
gern con mucho gusto kon 'mutscho 'gusto
Geruch olor *m* o'lor
Geschäft *(Laden)* tienda *f* 'tjenda
Geschenk regalo *m* re'galo
Geschichte historia *f* is'toria
geschieden divorciado diwor'θjado
Geschirr vajilla *f* ba'chija
Geschirrtuch paño de cocina *m* 'panjo de ko'θina
geschlossen cerrado θe'rrado
Geschmack sabor *m* sa'wor
Geschwindigkeit velocidad *f* beloθi'da(d)
Geschwister hermanos *m/pl* er'manos
Gesicht cara *f* 'kara
gesperrt cerrado θe'rrado
gestern ayer a'jer
gesund sano 'sano
Getränk bebida *f* be'wida
getrennt separado sepa'rado
getrennt bezahlen pagar por separado pa'gar por sepa'rado
Gewicht peso *m* 'peso
gewinnen ganar ga'nar
Gewitter tormenta *f* tor'menta
gewürzt condimentado kondimen'tado
giftig venenoso bene'noso
Gipfel cumbre *f* 'kumbre
Gitarre guitarra *f* gi'tarra
Glas vaso *m* 'baso
glatt liso 'liso
glauben creer kre'er
Gleis vía *f* 'bia
Glück suerte *f* 'suerte
Glückwunsch felicitación *f* feliθita'θjon
Glühbirne bombilla *f* bom'bija
glutenfrei sin gluten sin 'gluten
Gold oro *m* 'oro

Golf **golf** *m* golf
Grad **grado** *m* 'grado
Gramm **gramo** *m* 'gramo
Gräte **espina** *f* es'pina
Grenze **frontera** *f* fron'tera
Grill **barbacoa** *f* barba'koa
groß **grande** 'grande
Größe **tamaño** *m* ta'manjo
Grund **razón** *f* ra'θon
Gruppe **grupo** *m* 'grupo
Gruß **saludo** *m* sa'ludo
gültig **válido** 'balido
Gürtel **cinturón** *m* θintu'ron
gut **bueno** 'bueno
Guthaben **saldo activo** *m* 'saldo ak'tiwo
Gutschein **vale** *m* 'bale

H

Haar **pelo** *m* 'pelo
Haarbürste **cepillo para el pelo** *m* θe'pijo 'para el 'pelo
Haargummi **goma del pelo** *f* 'goma del 'pelo
haben **tener** te'ner
Hafen **puerto** *m* 'puerto
Hagel **granizo** *m* gra'niθo
Hähnchen **pollo** *m* 'pojo
Hai(fisch) **tiburón** *m* tibu'ron
halb **medio** 'medio
Halbpension **media pensión** *f* 'media pen'sjon
Hälfte **mitad** *f* mi'ta(d)
Hals **cuello** *m* 'kuejo
Halstuch **pañuelo** *m* pa'njuelo
haltbar *(Lebensmittel)* **conservable** konser'wable
halten *(anhalten)* **parar** pa'rar
Haltestelle **parada** *m* pa'rada
Halteverbot **parada prohibida** *f* pa'rada proi'wida
Hammer **martillo** *m* mar'tijo
Hand **mano** *f* 'mano
Handball **balonmano** *m* balon'mano

handgemacht hecho a mano 'etscho a 'mano
Handgepäck equipaje de mano *m* eki'pache de 'mano
Handtasche bolso *m* 'bolso
Handtuch toalla *f* to'aja
Handy móvil *m* 'mowil
Handynummer número de móvil *m* 'numero de 'mowil
Hängematte hamaca *f* a'maka
hart duro 'duro
häufig frecuente fre'kuente
Hauptgericht segundo plato *m* se'gundo 'plato
Hauptsaison temporada alta *f* tempo'rada‿'alta
Haus casa *f* 'kasa
Hausfrau ama de casa *f* 'ama de 'kasa
hausgemacht casero ka'sero
Haustier animal doméstico *m* ani'mal do'mestiko
Haut piel *f* pjel
Heimat patria *f* 'patria
Heimreise viaje de vuelta *m* 'bjache de 'wuelta
Heimweh nostalgia *f* nos'talchia
heiraten casarse ka'sarse
heiser ronco 'ronko
heiß (muy) caliente (mui) ka'ljente
heißen llamarse ja'marse
Heizung calefacción *f* kalefag'θjon
helfen ayudar aju'dar
hell claro 'klaro
Helm casco *m* 'kasko
Hemd camisa *f* ka'misa
Herbst otoño *m* o'tonjo
Herd cocina *f* ko'θina
Herr señor *m* se'njor
hervorragend excelente esθe'lente
Herz corazón *m* kora'θon
heute hoy oi
hier aquí a'ki
Hilfe ayuda *f* a'juda
Himbeeren frambuesas *f/pl* fram'buesas

Himmel cielo *m* 'θjelo
Hinfahrt viaje de ida *m* 'bjache de 'ida
hinten detrás de'tras
Hitze calor *m* ka'lor
Hobby afición *f* afi'θjon
hoch alto 'alto
Hochwasser inundación *f* inunda'θjon
Hochzeit boda *f* 'boda
hoffentlich ojalá ocha'la
höflich cortés kor'tes
holen ir a buscar ir a wus'kar; traer tra'er
Holz madera *f* ma'dera
Homepage página web *f* 'pachina web
homosexuell homosexual omosegsu'al
Hose pantalón *m* panta'lon
hübsch *(Sache)* bonito bo'nito; *(Person)* guapo 'guapo
Hubschrauber helicóptero *m* eli'koptero
Hund perro *m* 'perro
Hunger hambre *f* 'ambre
hupen tocar la bocina to'kar la bo'θina
Husten tos *f* tos
Hut sombrero *m* som'brero
Hütte refugio *m* re'fuchio

I

ich yo jo
Igel erizo *m* e'riθo
immer siempre 'sjempre
immun inmune in'mune
Impfung vacunación *f* bakuna'θjon
im Voraus de antemano de ante'mano
inbegriffen incluido inklu'ido
Infektion infección *f* imfeg'θjon
Information información *f* imforma'θjon
Ingwer jengibre *m* chen'chiwbre
Inhaber proprietario *m* proprie'tario
Insekt insecto *m* in'sekto

Insektenspray insecticida *m* insekti'θida
Insel isla *f* 'isla
insgesamt en total en to'tal
Instrument instrumento *m* instru'mento
intelligent inteligente inteli'chente
interessant interesante intere'sante
international internacional internaθjo'nal
Internet Internet *f* inter'net
Islam islam *m* is'lam
Isomatte esterilla aislante *f* este'rija_ais'lante

J

ja sí si
Jacht yate *m* 'jate
Jacke chaqueta *f* tscha'keta
Jahr año *m* 'anjo
Jahreszeit estación *f* esta'θjon
jetzt ahora a'ora
joggen hacer footing a'θer 'futing
Joghurt yogur *m* jo'gur
jüdisch judío chu'dio
Jugendherberge albergue juvenil *m* al'werge chuwe'nil
jung joven 'chowen
Junge chico *m* 'tschiko; muchacho *m* mu'tschatscho
Jurist(in) jurista chu'rista
Juwelier joyero *m* cho'jero

K

Käfer escarabajo *m* eskara'wacho
Kaffee café *m* ka'fe
Kajak piragua *f* pi'ragua
Kalb ternero *m* ter'nero
kalt frío 'frio
Kamera cámara *f* 'kamara
Kamille manzanilla *f* manθa'nija
Kamin chimenea *f* tschime'nea

Kanal canal *m* ka'nal
Kanu canoa *f* ka'noa
Kapitän capitán kapi'tan
kaputt roto 'roto
Karat quilate *m* ki'late
Karotte zanahoria *f* θana'oria
Kartoffeln patatas *f/pl* pa'tatas
Käse queso *m* 'keso
Kasse caja *f* 'kacha
Kassenzettel ticket *m* 'ticket
Katalog catálogo *m* ka'talogo
katholisch católico ka'toliko
kaufen comprar kom'prar
Kaugummi chicle *m* 'tschikle
Kaution depósito *m* de'posito
keine ninguna *f* nin'guna
keiner ninguno *m* nin'guno
Kekse galletas *f/pl* ga'jetas
Kellner camarero *m* kama'rero; ~in camarera *f* kama'rera
kennen conocer kono'θer
kennen lernen conocer kono'θer
Kennzeichen *(Fahrzeug)* matrícula *f* ma'trikula
Kerzen velas *f* 'belas
Ketchup ketchup *m* 'ketschup
Kette cadena *f* ka'dena
Kilometer kilómetro *m* ki'lometro
Kind niño *m* 'ninjo
Kinderarzt pediatra *m* pe'djatra
Kindersitz portabebés *m* portawe'wes
Kinderwagen cochecito *m* kotsche'θito
Kino cine *m* 'θine
Kirche iglesia *f* i'glesia
Kirschen cerezas *f/pl* θe're θas
Kissen cojín *m* ko'chin
klar claro 'klaro
Klebeband cinta adhesiva *f* 'θinta‿ade'siwa
Kleid vestido *m* bes'tido

Kleiderbügel percha *f* 'pertscha
klein pequeño pe'kenjo
Kleingeld dinero suelto *m* di'nero 'suelto
klettern trepar tre'par
Klimaanlage aire acondicionado *m* 'aire‿akondiθio'nado
Klingel timbre *m* 'timbre
Klo wáter *m* 'bater
Knie rodilla *f* ro'dija
Knoblauch ajo *m* 'acho
Knopf botón *m* bo'ton
Koch cocinero *m* koθi'nero
Köder cebo *m* 'θewo
koffeinfrei descafeinado deskafe‿i'nado
Koffer maleta *f* ma'leta
Kohlensäure *(in Getränken)* gas *m* gas
komisch *(seltsam)* extraño es'tranjo
kommen venir be'nir
Kompass brújula *f* 'bruchula
komplett completo kom'pleto
kompliziert complicado kompli'kado
Konditorei pastelería *f* pastele'ria
Kondom preservativo *m* preserwa'tiwo
können poder po'der
Kontakt contacto *m* kon'takto
Kontaktlinsen lentes de contacto *m/pl* 'lentes de kon'takto
Konto cuenta *f* 'kuenta
Konzert concierto *m* kon'θjerto
Kopf cabeza *f* ka'weθa
Kopfkissen almohada *f* almo'ada
Kopfschmerzen dolor de cabeza *m* do'lor de ka'weθa
Kopie copia *f* 'kopia
Korkenzieher sacacorchos *m* saka'kortschos
korrigieren corregir korre'chir
kostbar valioso ba'ljoso
kosten costar kos'tar

kostenlos gratis 'gratis
krank enfermo em'fermo
Krankenhaus hospital *m* ospi'tal
Krankenwagen ambulancia *f* ambu'lanθia
Krankheit enfermedad *f* emferme'da(d)
Kräuter hierbas aromáticas *f/pl* 'jerwas aro'matikas
Krawatte corbata *f* kor'wata
Kreditkarte tarjeta de crédito *f* tar'cheta de 'kredito
Kreuzfahrt crucero *m* kru'θero
Kreuzung cruce *m* 'kruθe
Kriminalität criminalidad *f* kriminali'da(d)
Krise crisis *f* 'krisis
Krücke muleta *f* mu'leta
Küche cocina *f* ko'θina
Kuchen pastel *m* pas'tel
Kugel bola *f* 'bola
kühl fresco 'fresko
Kühlschrank nevera *f* ne'wera
Kultur cultura *f* kul'tura
Kunde cliente *m* 'kliente
Kunst arte *m* 'arte
Künstler(in) artista *m/f* ar'tista
Kurs curso *m* 'kurso
Kurve curva *f* 'kurwa
kurz corto 'korto
Kurzschluss cortocircuito *m* kortoθir'kuito
kurzsichtig miope 'miope
Kuss beso *m* 'beso
Küste costa *f* 'kosta

L

lächeln sonreír sonre'ir
lachen reír re'ir
Lachs salmón *m* sal'mon
Ladegerät cargador *m* karga'dor
Ladekabel cable del cargador *m* 'kawle del karga'dor
laktosefrei sin lactosa sin lak'tosa

Lampe lámpara *f* 'lampara
Land país *m* pa'is
Landkarte mapa *m* 'mapa
Landschaft paisaje *m* pai'sache
Landstraße carretera *f* karre'tera
lang largo 'largo
langsam lento *adv* 'lento
langweilig aburrido awu'rrido
Lärm ruido *m* 'ruido
(ver)lassen dejar de'char
Lastwagen camión *m* ka'mjon
laut alto 'alto; *(lärmend)* ruidoso rui'doso
Lautsprecher altavoz *m* alta'woθ
leben vivir bi'wir
Lebensmittel comestibles *m/pl* komes'tiwles
Leber hígado *m* 'igado
Leder cuero *m* 'kuero
ledig soltero sol'tero
leer vacío ba'θio
Lehrer(in) profesor(a) profe'sor(a)
leicht *(einfach)* fácil 'faθil; *(Gewicht)* ligero li'chero
Leichtathletik atletismo *m* atle'tismo
leider desgraciadamente desgraθiada'mente
leihen prestar pres'tar
Leihgebühr alquiler *m* alki'ler
Leinen lino *m* 'lino
leise en voz baja *adv* em boθ 'bacha; silencioso silen'θjoso
Leitungswasser agua del grifo *f* 'agua del 'grifo
lernen aprender apren'der; *(Schule, Uni)* estudiar estu'djar
lesen leer le'er
Leuchtturm faro *m* 'faro
Leute gente *f* 'chente
Licht luz *f* luθ
Lichtschalter interruptor *m* interrup'tor
Lichtschutzfaktor factor de protección solar *m* fak'tor de proteg'θjon so'lar

lieben querer ke'rer
lieber más bien mas bjen
Lied canción *f* kan'θjon
Liegestuhl tumbona *f* tum'bona
Limonade limonada *f* limo'nada
links a la izquierda a la‿iθ'kjerda
Lippe labio *m* 'lawio
Lippenstift lápiz de labios *m* 'lapiθ de 'lawios
Liter litro *m* 'litro
live *(TV)* en directo en di'rekto
Loch agujero *m* agu'chero
Locken rizos *m/pl* 'riθos
Löffel cuchara *f* ku'tschara
Lösung solución *f* solu'θjon
Luftmatratze colchoneta hinchable *f* koltscho'neta in'tschawle
Luftpumpe bomba neumática *f* 'bomba ne-u'matika
Lüge mentira *f* men'tira
Lunge pulmón *m* pul'mon
Lust ganas *f/pl* 'ganas
lustig divertido diwer'tido
Luxus lujo *m* 'lucho

M

machen hacer a'θer
Mädchen chica *f* 'tschika
mager magro 'magro
Mais maíz *m* ma'iθ
malen pintar pin'tar
manchmal a veces a 'weθes
Mandeln almendras *f/pl* al'mendras
Mann hombre *m* 'ombre; *(Ehemann)* esposo *m* es'poso, marido *m* ma'rido
Marder marta *f* 'marta
Marienkäfer mariquita *f* mari'kita
Markt mercado *m* mer'kado
Massage masaje *m* ma'sache
Material material *m* mate'rial

Matratze colchón *m* kol'tschon
Mauer muro *m* 'muro
Maut peaje *m* pe'ache
maximal máximo 'magsimo
Mayonnaise mayonesa *f* majo'nesa
Meer mar *m* mar
Meeresfrüchte mariscos *m/pl* ma'riscos
Mehl harina *f* a'rina
mehr más mas
Mehrwertsteuer IVA *m* 'iwa
Menge cantidad *f* kanti'da(d)
Menü menú *m* me'nu
Messe feria *f* 'feria
Messer cuchillo *m* ku'tschijo
Meter metro *m* 'metro
Metzgerei carnicería *f* karniθe'ria
Miete alquiler *m* alki'ler
Mietwagen coche de alquiler *m* 'kotsche de alki'ler
Migräne jaqueca *f* cha'keka
Milch leche *f* 'letsche
mild suave 'suawe
mindestens al menos al 'menos
Mineralwasser agua mineral *f* 'agua mine'ral
mischen mezclar meθ'klar
missbrauchen abusar de awu'sar de
misshandeln maltratar maltra'tar
Missverständnis malentendido *m* malenten'dido
mit con kon
Mitglied miembro *m* 'mjembro
mitkommen venir con be'nir kon
mitmachen participar partiθi'par
mitnehmen llevar je'war
Mittag mediodía *m* medio'dia
Mittagessen comida *f* ko'mida

Mitte medio *m* 'medio
Mobilfunknetz red de telefonía móvil *f* red de telefo'nia 'mowil
modern moderno mo'derno
mögen querer ke'rer; *(gefallen)* gustar gus'tar
Mohn amapola *f* ama'pola
Moment momento *m* mo'mento
Monat mes *m* mes
Mond luna *f* 'luna
morgen mañana ma'njana
Moskitonetz mosquitera *m* moski'tera
Motel motel *m* mo'tel
Motor motor *m* mo'tor
Motorboot lancha motora *f* 'lantscha mo'tora
Motorrad moto *m* 'moto
Möwe gaviota *f* ga'wjota
Mücke mosquito *m* mos'kito
Mückenschutz protección contra los mosquitos *f* proteg'θjon'kontra los mos'kitos
Mückenstich picadura de mosquito *f* pika'dura de mos'kito
müde cansado kan'sado
Müll basura *f* ba'sura
Mund boca *f* 'boka
Münze moneda *f* mo'neda
Muscheln conchas *f/pl* 'kontschas
Museum museo *m* mu'seo
Musik música *f* 'musika
Muskelkater agujetas *f/pl* agu'chetas
Müsli musli *m* 'musli
müssen tener que te'ner ke
Mutter madre *f* 'madre
Muttersprache lengua materna *f* 'lengua ma'terna
Mütze gorra *f* 'gorra

N

Nachmittag tarde *f* 'tarde
Nachname apellido *m* ape'jido

Nachricht mensaje *m* men'sache
Nachsaison temporada baja *f* tempo'rada 'wacha
nächster próximo 'progsimo
Nacht noche *f* 'notsche
Nachtisch postre *m* 'postre
nackt desnudo des'nudo
Nadel aguja *f* a'gucha
Nagel clavo *m* 'klawo; *(Fingernagel)* uña *f* 'unja
Nagellack esmalte *m* es'malte
Name nombre *m* 'nombre
Nase nariz *f* na'riθ
nass mojado mo'chado
Nationalität nacionalidad *f* naθionali'da(d)
Nationalpark parque nacional *m* 'parke naθio'nal
Natur naturaleza *f* natura'leθa
natürlich naturalmente natural'mente
Naturschutzgebiet reserva natural *f* re'serwa natu'ral
Navigationssystem navegador GPS *m* nawega'dor chepe'ese
Nebel niebla *f* 'njewla
neben al lado de al 'lado de
nehmen tomar to'mar
nein no no
Nektarine nectarina *f* nekta'rina
nervös nervioso ner'wjoso
nett simpático sim'patiko
neu nuevo 'nuewo
neugierig curioso ku'rjoso
Neujahr Año nuevo *m* 'anjo 'nuewo
nicht no no
nichts nada 'nada
Nichtschwimmer no nadador *m* no nada'dor
nie nunca 'nunka
niemand nadie 'nadje
Niere riñón *m* ri'njon
noch todavía toda'wia
Norden norte *m* 'norte

normal **normal** nor'mal
Notarzt **médico de urgencias** *m* 'mediko de ur'chenθias
Notausgang **salida de emergencia** *f* sa'lida de‿emer'chenθia
Notfall **caso de emergencia** *m* 'kaso de‿emer'chenθia
Notruf **llamada de urgencia** *f* ja'mada de ur'chenθias
Nudeln **pasta** *f* 'pasta
Nummer **número** *m* 'numero
nur **sólo** 'solo
Nuss **nuez** *f* 'nueθ
nützlich **útil** 'util

O

oben **arriba** a'rriwa
Objektiv **objetivo** *m* owche'tiwo
Obst **fruta** *f* 'fruta
Ofen **estufa** *f* es'tufa; *(Backofen)* **horno** *m* 'orno
offen **abierto** a'wjerto
Öffnungszeiten **horas de apertura** *f/pl* 'oras de‿aper'tura
oft **con frecuencia** kon fre'kuenθia
ohne **sin** sin
Ohrringe **pendientes** *m/pl* pen'djentes
ökologisch **ecológico** eko'lochiko
Öl **aceite** *m* a'θäite
Oliven **aceitunas** *f/pl* aθäi'tunas
Oma **abuela** *f* a'wuela
Opa **abuelo** *m* a'wuelo
Oper **ópera** *f* 'opera
Orange **naranja** *f* na'rancha
Oregano **orégano** *m* o'regano
Organisation **organización** *f* organiθa'θjon
Ort **lugar** *m* lu'gar
Osten **este** *m* 'este
Ostern **Pascua (de Resurrección)** *f* 'paskua (de resurreg'θjon)

Österreich Austria *f* 'austria
Österreicher austríaco *m* aus'triako; ~in austríaca *f* aus'triaka
Ozon ozono *m* o'θono

P

Paar pareja *f* pa'recha
Packung paquete *m* pa'kete
Palme palmera *f* pal'mera
Panne avería *f* awe'ria
Panorama panorama *m* pano'rama
Papier papel *m* pa'pel
Parfüm perfume *m* per'fume
Park parque *m* 'parke
parken aparcar apar'kar
Parkplatz aparcamiento *m* aparka'mjento
Parkuhr parquímetro *m* par'kimetro
Parkverbot prohibido aparcar proi'wido_apar'kar
Pass pasaporte *m* pasa'porte
Passwort contraseña *f* kontra'senja
Pauschale suma global *f* 'suma glo'wal
Pause descanso *m* des'kanso
Pediküre pedicura *f* pedi'kura
Pension pensión *f* pen'sjon
perfekt perfecto per'fekto
Person persona *f* per'sona
Pfand prenda *f* 'prenda
Pfanne sartén *f* sar'ten
Pfeffer pimienta *f* pi'mjenta
Pfeife pipa *f* 'pipa
Pferd caballo *m* ka'wajo
Pfirsich melocotón *m* meloko'ton
Pflanze planta *f* 'planta
Pflaster esparadrapo *m* espara'drapo
Pflaume ciruela *f* θi'ruela
Picknick picnic *m* 'piknik
pikant picante pi'kante

Pilger peregrino *m* pere'grino
Pilot piloto *m* pi'loto
Pilze setas *f/pl* 'setas
Pinzette pinza *f* 'pinθa
Plan plan *m* plan; *(Straßenplan)* plano *m* 'plano
Plastik *(Material)* plástico *m* 'plastiko
Platz plaza *f* 'plaθa
plötzlich de repente de re'pente
Polizei policía *f* poli'θia
Polizist policía *m* poli'θia
Portion ración *f* ra'θjon
Post (oficina de) correos *m/pl* (ofi'θina de) ko'rreos
Postkarte postal *f* pos'tal
Präsident(in) presidente *m/f* presi'dente
Preis precio *m* 'preθio
preisgünstig a buen precio a buem 'preθio
Preisliste lista de precios *f* 'lista de 'preθios
privat privado pri'wado
probieren probar pro'war
Problem problema *m* pro'wlema
Programm programa *m* pro'grama
Prozent tanto por ciento *m* 'tanto por 'θjento
prüfen examinar egsami'nar
Pudding pudín *m* pu'din
Puls pulso *m* 'pulso
pünktlich puntual pun'tual
pur puro 'puro
Pute pava *f* 'pawa; *(Fleisch)* pavo *m* 'pawo
putzen limpiar lim'pjar
Putzmittel producto de limpieza *m* pro'dukto de lim'pjeθa

Q

Qualität calidad *f* kali'da(d)
Qualle medusa *f* me'dusa
Quelle fuente *f* 'fuente
Quittung recibo *m* re'θiwo

R

Rabatt descuento *m* des'kuento
Radio radio *f* 'radio
Radweg carril de bicicletas *m* ka'rril de wiθi'kletas
rasieren afeitar afäi'tar
Raststätte restaurante de autopista *m* restau'rante de_auto'pista
Rathaus ayuntamiento *m* ajunta'mjento
Ratte rata *f* 'rata
rauchen fumar fu'mar
Rechnung cuenta *f* 'kuenta
rechts a la derecha a la de'retscha
reden hablar a'wlar
regelmäßig regularmente regular'mente
Regenbogen arcoíris *m* arko'iris
Regenschirm paraguas *m* pa'raguas
regional regional rechjo'nal
regnen llover jo'wer
Reh corzo *m* 'korθo
reich rico 'riko
Reihe fila *f* 'fila
Reinigung tintorería *f* tintore'ria
Reis arroz *m* a'rroθ
Reise viaje *m* 'bjache
Reisebüro agencia de viajes *f* a'chenθja de 'wjaches
Reisegruppe grupo de viaje *m* 'grupo de 'wjache
reisen viajar bja'char
Reisepass pasaporte *m* pasa'porte
reiten montar a caballo mon'tar a ka'wajo
Reklamation reclamación *f* reklama'θjon
renovieren renovar reno'war
Reparatur reparación *f* repara'θjon
Reservereifen neumático de repuesto *m* ne-u'matiko de re'puesto
reservieren reservar reser'war

reserviert reservado reser'wado
Rest resto *m* 'resto
Restaurant restaurante *m* restau'rante
Rettungsring salvavidas *m* salwa'widas
Rezept receta *f* re'θeta
Rezeption recepción *f* reθep'θjon
rezeptpflichtig con receta médica kon re'θeta 'medika
richtig correcto ko'rrekto
Richtung dirección *f* direg'θjon
Ring anillo *m* a'nijo
Rock falda *f* 'falda
roh crudo 'krudo
Roller scooter *m* 'skuter
Rollladen persiana *f* per'sjana
Rollstuhl silla de ruedas *f* 'sija de 'ruedas
Rolltreppe escalera mecánica *f* eska'lera me'kanika
romantisch romántico ro'mantiko
Rose rosa *f* 'rosa
Rosmarin romero *m* ro'mero
Rotwein vino tinto *m* 'bino 'tinto
Route ruta *f* 'ruta
Rücken espalda *f* es'palda
rückerstatten devolver dewol'wer
Rückfahrt vuelta *f* 'buelta
Rucksack mochila *f* mo'tschila
rückwärts hacia atrás 'aθia‿a'tras
Ruderboot barca de remos *m* 'barka de 'remos
Ruhetag día de descanso *m* 'dia de des'kanso
ruhig tranquilo tran'kilo
Rundfahrt circuito *m* θir'kuito
Rundgang vuelta *f* 'buelta
rutschig resbaladizo resbala'diθo

S

Sackgasse callejón sin salida *m* kaje'chon sin sa'lida
Saft zumo *m* 'θumo
sagen decir de'θir
Sahne nata *f* 'nata
Salat ensalada *f* ensa'lada
Salz sal *f* sal
satt sein estar satisfecho es'tar satis'fetscho
Satz frase *f* 'frase
sauber limpio 'limpio
Sauna sauna *f* 'sauna
Schaden daño *m* 'danjo
Schaf oveja *f* o'wecha
Schal bufanda *f* bu'fanda
Schalter *(elektrisch)* interruptor *m* interrup'tor; *(Bahn)* taquilla *f* ta'kija; *(Fahrkarten, Bank usw.)* ventanilla *f* benta'nija
scharf picante pi'kante
Schatten sombra *f* 'sombra
Schauspieler actor *m* ak'tor
Scheibenwischer limpiaparabrisas *m* limpiapara'wrisas
schenken regalar rega'lar
Schere tijeras *f/pl* ti'cheras
schick elegante ele'gante
schicken enviar em'bjar
schieben empujar empu'char
Schiff barco *m* 'barko
Schifffahrt navegación *f* nawega'θjon
Schild letrero *m* le'trero
Schimmel *(auf Lebensmitteln)* moho *m* 'moo
schlafen dormir dor'mir
Schlafsack saco de dormir *m* 'sako de dor'mir
Schlafwagen coche-cama *m* 'kotsche-'kama
Schlange *(Tier)* serpiente *f* ser'pjente
Schlauchboot bote neumático *m* 'bote ne-u'matiko
schlecht malo 'malo
schließen cerrar θe'rrar

Schließfach consigna automática *f* kon'signa_auto'matika
schlimm grave 'grawe
Schloss palacio *m* pa'laθio
Schluss final *m* fi'nal
Schlüssel llave *f* 'jawe
Schlussverkauf rebajas *f/pl* re'wachas
schmal estrecho es'tretscho
schmecken gustar gus'tar
schmerzhaft doloroso dolo'roso
Schmerzmittel analgésico *m* anal'chesiko
Schmetterling mariposa *f* mari'posa
Schmuck joya *f* 'choja
schmutzig sucio 'suθjo
Schnaps aguardiente *m* aguar'djente
Schnee nieve *f* 'njewe
schnell rápido 'rapido
Schnorchel esnórquel *m* es'norkel
Schnuller chupete *m* tschu'pete
Schnupfen resfriado *m* res'friado
Schock choque *m* 'tschoke
Schokolade chocolate *m* tschoko'late
schön bonito bo'nito; *(hübsch)* guapo 'guapo
Schrank armario *m* ar'mario
Schraubenzieher destornillador *m* destornija'dor
schreiben escribir eskri'wir
schüchtern tímido 'timido
Schuhe zapatos *m/pl* θa'patos
Schule colegio *m* ko'lechio
Schulter hombro *m* 'ombro
Schutz protección *f* proteg'θjon
schwach débil 'dewil
schwanger embarazada embara'θada
schwarz negro 'negro
Schwein cerdo *m* 'θerdo
Schweiz Suiza 'suiθa
Schweizer suizo *m* 'suiθo; ~in suiza *f* 'suiθa

Schwellung hinchazón *f* intscha'θon
schwer pesado pe'sado
Schwester hermana *f* er'mana
schwierig difícil di'fiθil
Schwimmbad piscina *f* pis'θina
schwimmen nadar na'dar
Schwimmflügel manguitos *m/pl* man'gitos
schwitzen sudar su'dar
See lago *m* 'lago
seekrank mareado mare'ado
Segelboot barco de vela *m* 'barko de 'wela
segeln hacer vela, navegar a'θer 'wela, nawe'gar
sehen ver ber
Sehenswürdigkeiten lugares de interés *m/pl* lu'gares de_inte'res
sehr muy mui
Seide seda *f* 'seda
Seife jabón *m* cha'won
Seil soga *f* 'soga
sein *(sich befinden)* estar es'tar; ser ser
Sekt vino espumoso *m* 'bino espu'moso; *(spanischer)* cava *m* 'kawa
Sekunde segundo *m* se'gundo
Selbstbedienung autoservicio *m* autoser'wiθio
selten raro 'raro
Senf mostaza *f* mos'taθa
Serviette servilleta *f* serwi'jeta
Sex sexo *m* 'sexo
Shampoo champú *m* tscham'pu
sicher seguro se'guro
Sicherheitsgurt cinturón de seguridad *m* θintu'ron de seguri'da(d)
Sicherung fusible *m* fu'siwle
Sicht vista *f* 'bista
Silber plata *f* 'plata
Silvester Nochevieja *f* notsche'wjecha

singen cantar kan'tar
Single soltero *m*, soltera *f* sol'tero, sol'tera
Sitzplatz asiento *m* a'sjento
Ski esquí *m* es'ki
SMS mensaje corto *m* men'ßache 'korto
Socken calcetines *m/pl* kalθe'tines
sofort en seguida en se'gida
Sohn hijo *m* 'icho
Sommer verano *m* be'rano
Sonderangebot oferta *f* o'ferta
Sonne sol *m* sol
Sonnenaufgang salida del sol *f* sa'lida del sol
Sonnenbrand quemadura solar *f* kema'dura so'lar
Sonnenbrille gafas de sol *f/pl* 'gafas de sol
Sonnencreme bronceador *m* bronθea'dor
Sonnenhut sombrero para el sol *m* som'brero 'para‿el sol
Sonnenschirm sombrilla *f* som'brija
Sonnenuntergang puesta del sol *f* 'puesta del sol
Soße salsa *f* 'salsa
Souvenir recuerdo *m* re'kuerdo
Spaß broma *f* 'broma
spät tarde 'tarde
Spaziergang paseo *m* pa'seo
Speicherkarte tarjeta de memoria *f* tar'cheta de me'moria
Speicherkartenlesegerät lector de tarjeta de memoria *m* lek'tor de tar'cheta de me'morja
Speisekarte menú *m* me'nu
Speisewagen coche-restaurante *m* 'kotsche-restau'rante
Spezialität especialidad *f* espeθjali'da(d)
Spiegel espejo *m* es'pecho

Spiegelreflexkamera cámara reflex *f* 'kamara re'fleks
Spiel juego *m* 'chuego
Spielplatz parque infantil *m* 'parke_imfan'til
Spinne araña *f* a'ranja
Sport deporte *m* de'porte
Sprache lengua *f* 'lengua
Sprachkurs curso de idiomas *m* 'kurso de i'djomas
sprechen hablar a'wlar
Spülmaschine lavavajillas *m* lawawa'chijas
Spülmittel detergente *m* deter'chente
Stadt ciudad *f* θiu'da(d)
Stadtmitte centro *m* 'θentro
Stadtplan plano de la ciudad *m* 'plano de la θiu'da(d)
Stadtteil barrio *m* 'barrio
stark fuerte 'fuerte
Start *(Flug)* despegue *m* des'pege; salida *f* sa'lida
Stativ trípode *m* 'tripode
statt en lugar de en lu'gar de
Stau atasco *m* a'tasko
staubig polvoriento polwo'rjento
Staubsauger aspirador *m* aspira'dor
Steckdose caja de enchufe *f* 'kacha de en'tschufe
stehlen robar ro'war
steil escarpado eskar'pado
Stein piedra *f* 'pjedra
Stern estrella *f* es'treja
Stich *(Insekt)* picadura *f* pika'dura
stickig sofocante sofo'kante
Stier toro *m* 'toro
Stierkampf corrida de toros *f* ko'rrida de 'toros
Stierkämpfer torero *m* to'rero
still tranquilo tran'kilo; *(lautlos)* silencioso silen'θjoso
Stimme voz *f* boθ
stinken oler mal o'ler mal

Stoff materia *f* ma'teria; *(Tuch)* tela *f* 'tela
stolz orgulloso orgu'joso
Stoppschild señal de stop *f* se'njal de es'top
Storch cigüeña *f* θi'guenja
Störung molestia *f* mo'lestia; *(technische)* avería *f* awe'ria
Strafzettel multa *f* 'multa
Strand playa *f* 'plaja
Straße calle *f* 'kaje
Straßenbahn tranvía *m* tram'bia
Streichhölzer cerillas *f/pl* θe'rijas
Streik huelga *f* 'uelga
stressig estresante estre'sante
Strom corriente *f* ko'rrjente
Stromausfall apagón *m* apa'gon
Strömung corriente *f* kor'rjente
Stück trozo *m* 'troθo
Student estudiante *m* estu'djante
studieren estudiar estu'djar
stufenlos sin escalones sin eska'lones
Stuhl silla *f* 'sija
stumm mudo 'mudo
Stunde hora *f* 'ora
Sturm tempestad *f* tempes'ta(d)
Sturmwarnung aviso de tempestad *m* a'wiso de tempes'ta(d)
Sturz caída *f* ka'ida
suchen buscar bus'kar
Süden sur *m* sur
Summe suma *f* 'suma
Supermarkt supermercado *m* supermer'kado
Suppe sopa *f* 'sopa
surfen practicar el surf prakti'kar el sörf
süß dulce 'dulθe
Swimmingpool piscina *f* pis'θina
sympathisch simpático sim'patiko

T

Tabak tabaco *m* ta'wako
Tablette comprimido *m* kompri'mido
Tag día *m* 'dia
Tagesgericht plato del día *m* 'plato del 'dia
Tageskarte *(Bus etc.)* billete para un día *m* bi'jete 'para un 'dia; *(Restaurant)* menú del día *m* me'nu del 'dia
täglich diario 'diario
tanken echar gasolina e'tschar gaso'lina
Tankstelle gasolinera *f* gasoli'nera
tanzen bailar bai'lar
Tasche bolso *m* 'bolso; *(Hosentasche)* bolsillo *m* bol'sijo
Taschenlampe linterna *f* lin'terna
Taschenmesser navaja *f* na'wacha
Taschentuch pañuelo *m* pa'njuelo
Tasse taza *f* 'taθa
taub sordo 'sordo
Taube paloma *f* pa'loma
tauchen bucear buθe'ar
tauschen cambiar kam'bjar
Taxi taxi *m* 'tagsi
Tee té *m* te
teilnehmen participar partiθi'par
Telefon teléfono *m* te'lefono
Telefonkarte tarjeta telefónica *f* tar'cheta tele'fonika
Telefonnummer número de teléfono *m* 'numero de te'lefono
Teller plato *m* 'plato
Temperatur temperatura *f* tempera'tura
Tennis tenis *m* 'tenis
Terrasse terraza *f* te'rraθa
teuer caro 'karo
Theater teatro *m* te'atro
Thunfisch atún *m* a'tun
Ticket billete *m* bi'jete
tief profundo pro'fundo
Tier animal *m* ani'mal

Tierarzt veterinario *m* beteri'nario
Tipp consejo *m* kon'secho
Tisch mesa *f* 'mesa
Tischtennis pingpong *m* 'pingpong
Tochter hija *f* 'icha
Toilette servicios *m/pl* ser'wiθjos
Toilettenpapier papel higiénico *m* pa'pel‿i'chjeniko
toll fantástico fan'tastiko
Tomate tomate *m* to'mate
Topf olla *f* 'oja
tot muerto 'muerto
Tour vuelta *f* 'buelta
Tourist(in) turista *m/f* tu'rista
Training entrenamiento *m* entrena'mjento
trampen hacer autostop a'θer autoes'top
Traum sueño *m* 'suenjo
traurig triste 'triste
Treffpunkt punto de reunión *m* 'punto de reu'njon
trennen separar sepa'rar
Treppe escalera *f* eska'lera
Tretboot patín *m* pa'tin
trinken beber be'wer
Trinkgeld propina *f* pro'pina
Trinkwasser agua potable *f* 'agua po'tawle
trocken seco 'seko
T-Shirt camiseta *f* kami'seta
tun hacer a'θer
Tunnel túnel *m* 'tunel
Tür puerta *f* 'puerta
Turm torre *f* 'torre
Turnschuhe zapatillas de deporte *f/pl* θapa'tijas de de'porte
typisch típico 'tipiko

U

U-Bahn metro *m* 'metro
Übelkeit náuseas *f/pl* 'nauseas
über sobre 'sowre; *(mehr als)* más de mas de

Übergepäck sobrepeso *m* sowre'peso
überholen adelantar adelan'tar
überlegen pensar pen'sar
übermorgen pasado mañana pa'sado ma'njana
Übernachtung pernoctación *f* pernokta'θjon
überprüfen revisar rewi'sar
überqueren cruzar kru'θar
Überraschung sorpresa *f* sor'presa
Überschwemmung inundación *f* inunda'θjon
übersetzen traducir tradu'θir
Übersetzer(in) traductor(a) traduk'tor(a)
Überweisung transferencia *f* transfe'renθia
üblich usual u'sual
übrig restante res'tante
Übung ejercicio *m* echer'θiθio
Ufer orilla *f* o'rija
Uhr reloj *m* re'loch; *(Armbanduhr)* reloj *m*
Uhrzeit hora *f* 'ora
Umgebung alrededores *m/pl* alrede'dores
Umkleidekabine vestuario *m* bestu'ario
Umleitung desviación *f* deswia'θjon
umsteigen cambiar kam'bjar
Umweg rodeo *m* ro'deo
Umwelt medio ambiente *m* 'medio am'bjente
und y i; *(vor i)* e e
undicht permeable perme'awle
Unfall accidente *m* agθi'dente
ungefähr aproximadamente aprogsimada'mente
ungefährlich inofensivo inofen'siwo

ungemütlich incómodo in'komodo
Ungeziefer bichos *m/pl* 'bitschos
ungültig sin validez sim bali'deθ
unhöflich descortés deskor'tes
Universität universidad *f* uniwersi'da(d)
unklar impreciso impre'θiso
Unkosten gastos *m/pl* 'gastos
unmöglich imposible impo'siwle
unschuldig inocente ino'θente
unsympathisch antipático anti'patiko
Unterkunft alojamiento *m* alocha'mjento
Unterschied diferencia *f* dife'renθia
unterschreiben firmar fir'mar
untersuchen examinar esami'nar
Unterwäsche ropa interior *f* 'ropa‿inte'rjor
unterwegs en el camino en el ka'mino
Unwetter temporal *m* tempo'ral
unwichtig de poca importancia de 'poka impor'tanθia
unzufrieden descontento deskon'tento
Urlaub vacaciones *f/pl* baka'θjones
Ursache causa *f* 'kausa
USB-Stick memoria USB *m* me'moria u-ese'we
UV-Filter filtro ultravioleta *m* 'filtro ultrawio'leta
UV-Strahlen rayos ultravioletas *m/pl* 'rajos ultrawio'letas

V

Vanille vainilla *f* bai'nija
Vater padre *m* 'padre
vegan vegano be'gano

Vegetarier vegetariano *m* becheta'rjano
vegetarisch vegetariano becheta'rjano
Ventilator ventilador wentila'dor
Verabredung cita *f* 'θita
Veranstaltung espectáculo *m* espek'takulo
verantwortlich responsable respon'sawle
Verbandszeug vendajes *m/pl* ben'daches
Verbindungskabel cable de conexión *m* 'kawle de kone'gsjon
verboten prohibido pro-i'wido
verdienen ganar ga'nar
Verfallsdatum fecha de caducidad *f* 'fetscha de kaduθi'da(d)
verfügbar disponible dispo'niwle
vergessen olvidar olwi'dar
Vergnügen diversión *f* diwer'sjon
verhaften detener dete'ner
verheiratet casado ka'sado
Verkauf venta *f* 'benta
Verkehr tráfico *m* 'trafiko
verlängern alargar alar'gar
Verlängerungskabel alargador *m* alarga'dor
Verleih alquiler *m* alki'ler
Verletzung herida *f* e'rida
verliebt enamorado enamo'rado
verlieren perder per'der
verlobt prometido prome'tido
verschenken regalar rega'lar
verschmutzt contaminado kontami'nado
Versicherung seguro *m* se'guro
Verspätung retraso *m* re'traso
versprechen prometer prome'ter
Verständigung comunicación *f* komunika'θjon

verstehen entender enten'der
Vertrag contrato *m* kon'trato
Verwandte(r) pariente *m/f* pa'rjente
Verzeihung perdón *m* per'don
viel mucho 'mutscho; zu ~ demasiado dema'sjado
vielleicht quizás ki'θas
Virus virus *m* 'birus
Visum visado *m* bi'sado
Vitamin vitamina *f* bita'mina
Vogel pájaro *m* 'pacharo
voll lleno 'jeno
Volleyball voleibol *m* boläi'bol
Vollkornbrot pan integral *m* pan inte'gral
Vollmilch leche entera *f* 'letsche en'tera
Vollpension pensión completa *f* pen'sjon kom'pleta
Voranmeldung preinscripción *f* pre-inskrip'θjon
voraussichtlich probablemente prowawle'mente
vorbereiten preparar prepa'rar
Vorfahrt preferencia *f* prefe'renθia
vorgestern anteayer antea'jer
vorläufig provisional prowisjo'nal
Vormittag mañana *f* ma'njana
Vorname nombre *m* 'nombre
Vorsaison temporada baja *f* tempo'rada 'wacha
Vorschlag propuesta *f* pro'puesta
Vorsicht precaución *f* prekau'θjon
Vorspeise primer plato *m* pri'mer 'plato

W

wach despierto des'pjerto
Waffel gofre *m* 'gofre; *(Eis)* barquillo *m* bar'kijo
Wagenheber gato *m* 'gato
Waggon vagón *m* ba'gon
wählen elegir ele'chir
Währung moneda *f* mo'neda
Wal ballena *f* ba'jena
Wald bosque *m* 'boske
Wand pared *f* pa're(d)
wandern caminar kami'nar
Wanderweg sendero *m* sen'dero
warm caliente ka'ljente
Warnweste chaleco reflectante *m* tscha'leko reflek'tante
warten esperar espe'rar
Waschbecken lavabo *m* la'wawo
Wäsche ropa *f* 'ropa
Wäscheleine cordel *m* kor'del
waschen lavar la'war
Waschmaschine lavadora *f* lawa'dora
Waschmittel detergente *m* deter'chente
Wasser agua *f* 'agua
Wasserball balón inflable *m* ba'lon im'flawle
wasserdicht impermeable imperme'awle
Wasserhahn grifo *m* 'grifo
Wassermelone sandía *f* san'dia
Wasserski esquí acuático *m* es'ki‿a'kuatiko
WC wáter *m* 'bater
Wechselgeld cambio *m* 'kambio
wechseln cambiar kam'bjar
Weg camino *m* ka'mino
wegfahren irse 'irse
Wegweiser indicador (de camino) *m* indika'dor (de ka'mino)
wehtun hacer daño a'θer 'danjo
weich blando 'blando
Weihnachten Navidad *f* nawi'da(d)
weil porque 'porke

Wein vino *m* 'bino
weinen llorar jo'rar
Weintrauben uvas *f/pl* 'uwas
weiß blanco 'blanko
Weißwein vino blanco *m* 'bino 'wlanko
weit ancho 'antscho; *(Entfernung)* lejos 'lechos
weitsichtig présbita 'presbita
Weitwinkelobjektiv objetivo gran angular *m* owche'tiwo gran angu'lar
Weizen trigo *m* 'trigo
Welle ola *f* 'ola
Wellness bienestar *m* bjenes'tar
Welt mundo *m* 'mundo
wenig poco 'poko; zu ~ demasiado poco dema'sjado 'poko
Werbung publicidad *f* puwliθi'da(d)
Werkstatt taller *m* ta'jer
Werktag día laborable *m* 'dia labo'rawle
Werkzeug herramienta *f* erra'mjenta
Wertsachen objetos de valor *m/pl* ow'chetos de wa'lor
Wespe avispa *f* a'wispa
Westen oeste *m* o'este
Wetter tiempo *m* 'tjempo
Whirlpool piscina jacuzzi *f* pis'θina ja'kusi
wichtig importante impor'tante
wie como 'komo
wieder otra vez 'otra weθ
wiederholen repetir repe'tir
Wiese prado *m* 'prado
willkommen bienvenido bjenbe'nido
Wind viento *m* 'bjento
Windschutzscheibe parabrisas *m* para'wrisas
winken hacer señas a'θer 'senjas
Winter invierno *m* im'bjerno
wir nosotras *f* no'sotras; nosotros *m* no'sotros

Wirbelsäule **columna vertebral** *f* ko'lumna 'wertebral
wissen **saber** sa'wer
Witz **chiste** *m* 'tschiste
WLAN **wifi** *m* 'wifi
Woche **semana** *f* se'mana
Wochenende **fin de semana** *m* fin de se'mana
wohin **¿adónde?** a'donde
wohnen **vivir** bi'wir
Wohnmobil **caravana** *f* kara'wana
Wohnwagen **caravana** *f* kara'wana
Wolf **lobo** *m* 'lowo
Wolke **nube** *f* 'nuwe
Wolle **lana** *f* 'lana
wollen **querer** ke'rer
Wort **palabra** *f* pa'lawra
Wörterbuch **diccionario** *m* digθjo'nario
Wunde **herida** *f* e'rida
Wunsch **deseo** *m* de'seo
Würfel **dado** *m* 'dado
Wurm **gusano** *m* gu'sano
Wurst *(Aufschnitt)* **embutido** *m* embu'tido; *(Würstchen)* **salchicha** *f* sal'tschitscha
würzig **aromático** aro'matiko

Z

zäh *(Fleisch)* **duro** 'duro
Zahl **número** *m* 'numero
zahlen **pagar** pa'gar
Zahn **diente** *m* 'djente
Zahnarzt **dentista** *m* den'tista
Zahnbürste **cepillo de dientes** *m* θe'pijo de 'djentes
Zange **tenazas** *f/pl* te'naθas
zart **tierno** 'tjerno
Zecke **garrapata** *f* garra'pata
Zehe **dedo del pie** *m* 'dedo del pje
zeigen **mostrar** mos'trar

Zeit tiempo *m* 'tjempo
Zeitung periódico *m* pe'riodiko
Zelt tienda de campaña *f* 'tjenda de kam'panja
Zeltplatz camping *m* 'kamping
zentral céntrico 'θentriko
Zentrum centro *m* 'θentro
Ziege cabra *f* 'kawra
ziehen tirar ti'rar
Ziel destino *m* des'tino; fin *m* fin; *(Sport)* meta *f* 'meta
Zigaretten cigarrillos *m/pl* θiga'rrijos
Zimmer habitación *f* awita'θjon
Zimt canela *f* ka'nela
Zitrone limón *m* li'mon
Zoll aduana *f* a'duana
zollfrei exento de aduana eg'sento de a'duana
Zubereitung preparación *f* prepara'θjon
Zucker azúcar *m* a'θukar
zufrieden contento kon'tento
Zukunft futuro *m* fu'turo
zulässig permitido permi'tido
Zunge lengua *f* 'lengua
zurück atrás a'tras
zurückgeben devolver dewol'wer
zusammen juntos 'chuntos
zusammen bezahlen pagar todo junto pa'gar 'todo 'chunto
zusätzlich adicional adiθjo'nal
Zuschlag suplemento *m* suple'mento
zuständig competente kompe'tente
Zutaten ingredientes *m/pl* ingre'djentes
zuverlässig seguro se'guro; *(Person)* fiable 'fiawle
zuzüglich más mas
zweisprachig bilingue bi'lingue
Zwiebel cebolla *f* θe'woja
zwischen entre 'entre

Spanisch–Deutsch

A

abajo unten
abierto geöffnet; offen
abrelatas *m* Dosenöffner
abridor *m* Flaschenöffner
abril *m* April
abuela *f* Oma
abuelo *m* Opa
aburrido langweilig
a buen precio preisgünstig
accesible erreichbar *(Ort, Ziel)*
accidente *m* Unfall
aceite *m* Öl
aceitunas *f/pl* Oliven
aceptar akzeptieren
acogedor gemütlich
acompañante *m/f* Begleitperson
acondicionado para discapacitados behindertengerecht
actor *m* Schauspieler
adaptador *m* Adapter
adelantar überholen
adicional zusätzlich
¿adónde? wohin
aduana *f* Zoll
aeropuerto *m* Flughafen
afición *f* Hobby
agencia de viajes *f* Reisebüro
agosto *m* August
agotado ausverkauft
agua *f* Wasser
agua del grifo *f* Leitungswasser
agua mineral *f* Mineralwasser
agua potable *f* Trinkwasser
aguardiente *m* Schnaps
aguja *f* Nadel
agujetas *f/pl* Muskelkater
ahora jetzt
aire acondicionado *m* Klimaanlage
ajo *m* Knoblauch
a la derecha rechts
a la izquierda links
alargar verlängern

alarma de incendio *m* Feueralarm
albahaca *f* Basilikum
albaricoque *m* Aprikose
albergue juvenil *m* Jugendherberge
alcohol *m* Alkohol
al contado bar
alegre froh
alemán deutsch
alemán *m* Deutscher
alemana *f* Deutsche
Alemania *f* Deutschland
alérgico allergisch
algo etwas
algodón *m* Baumwolle
al lado de neben
almendras *f/pl* Mandeln
al menos mindestens
almohada *f* Kopfkissen
alojamiento *m* Unterkunft
alquilar ausleihen
alquiler *m* Miete; Verleih; Leihgebühr
alquiler de barcas *m* Bootsverleih
alquiler de coches *m* Autovermietung
alrededores *m/pl* Umgebung
altavoz *m* Lautsprecher
alto hoch; laut
amable freundlich
ama de casa *f* Hausfrau
amapola *f* Mohn
amarillo gelb
ambulancia *f* Krankenwagen
amiga *f* Freundin
amigo *m* Freund
analgésico *m* Schmerzmittel
ancho weit
andén *m* Bahnsteig
anillo *m* Ring
animal *m* Tier
animal doméstico *m* Haustier
año *m* Jahr
Año nuevo *m* Neujahr
anteayer vorgestern
antiguo antik
antipático unsympathisch
anular annullieren
apacible mild *(Wetter)*
apagar löschen *(Licht)*

apagón *m* Stromausfall
aparcamiento *m* Parkplatz
apartamento para las vacaciones *m* Ferienwohnung
apellido *m* Nachname
aprender lernen
aproximadamente ungefähr
aquí hier
araña *f* Spinne
árbol *m* Baum
arcoíris *m* Regenbogen
arena *f* Sand
armario *m* Schrank
aromático würzig
arriba oben
arroyo *m* Bach
arroz *m* Reis
arte *m* Kunst
artista *m/f* Künstler(in)
ascensor *m* Aufzug
asiento *m* Sitzplatz
aspirador *m* Staubsauger
atasco *m* Stau
aterrizar landen
a tiempo rechtzeitig
atletismo *m* Leichtathletik
atracadero *m* Anlegestelle
atrás zurück
atún *m* Thunfisch
Austria *f* Österreich
austríaco *m* Österreicher
austríaca *f* Österreicherin
auténtico echt
autómata *m* Automat
automático automatisch
autoservicio *m* Selbstbedienung
avalancha de nieve *f* Schneelawine
avería *f* Panne; Störung *(technische)*
averiado defekt
aves *f/pl* Geflügel
avión *m* Flugzeug
aviso de tempestad *m* Sturmwarnung
avispa *f* Wespe
ayer gestern
ayuda *f* Hilfe
ayudar helfen
ayuntamiento *m* Rathaus
azafata *f* Flugbegleiterin
azúcar *m* Zucker
azul blau

B

bahía *f* Bucht
bailar tanzen
bajar aussteigen
balcón *m* Balkon
ballena *f* Wal
baloncesto *m* Basketball
balón inflable *m* Wasserball
balonmano *m* Handball
bañador *m* Badehose
banco *m* Bank
bandera *f* Flagge
bañera *f* Badewanne
baño *m* Bad
barato billig
barba *f* Bart
barbacoa *f* Grill
barco *m* Schiff
barco de vela *m* Segelboot
barco pesquero *m* Fischerboot
barquillo *m* Waffel *(Eis)*
barrio *m* Stadtteil
basura *f* Müll
batería recargable *f* Akku
bebé *m* Baby
beber trinken
bebida *f* Getränk
beige beige
berenjena *f* Aubergine
beso *m* Kuss
bichos *m/pl* Ungeziefer
bicicleta *f* Fahrrad
bienestar *m* Wellness
bienvenido willkommen
bikini *m* Bikini
bilingüe zweisprachig
billete *m* Fahrkarte; Ticket
billete para un día *m* Tageskarte *(Bus etc.)*
biológico biologisch
blanco weiß
blando weich
blusa *f* Bluse
boca *f* Mund
boda *f* Hochzeit
bola *f* Kugel
bolso *m* (Hand-)tasche
bomba neumática *f* Luftpumpe
bomberos *m/pl* Feuerwehr
bombilla *f* Glühbirne
bonito schön; hübsch *(Sache)*
borracho betrunken

bosque *m* Wald
bote *m* Boot
botella *f* Flasche
bote neumático *m* Schlauchboot
botón *m* Knopf
brazo *m* Arm
broma *f* Spaß
bronceador *m* Sonnencreme
brújula *f* Kompass
bucear tauchen
bueno gut
bufanda *f* Schal
buffet *m* Büfett
bungaló *m* Bungalow
bus *m* Bus
buscar suchen

C

caballo *m* Pferd
cabeza *f* Kopf
cabina *f* Kabine
cable de conexión *m* Verbindungskabel
cable del cargador *m* Ladekabel
cabra *f* Ziege
cacahuetes *m/pl* Erdnüsse
cadena *f* Kette
café *m* Kaffee
cafetería *f* Café
caída de piedras *f* Steinschlag
caja *f* Kasse
cajero automático *m* Geldautomat
calcetines *m/pl* Socken
calefacción *f* Heizung
calentador de agua *m* Boiler
calidad *f* Qualität
caliente warm
(muy) caliente heiß
calle *f* Straße
calle de dirección única *f* Einbahnstraße
callejón sin salida *m* Sackgasse
calor *m* Hitze
cama *f* Bett
cama de matrimonio *f* Doppelbett
cama individual *f* Einzelbett

cámara digital *f* Digitalkamera
cámara reflex *f* Spiegelreflexkamera
camarera *f* Kellnerin
camarero *m* Kellner
camarote *m* Kabine *(Schiff)*
cambiar auswechseln; tauschen; umsteigen; wechseln
cambio *m* Wechselgeld
caminar wandern
camino *m* Weg
camión *m* Lastwagen
camisa *f* Hemd
camiseta *f* T-Shirt
camping *m* Campingplatz
campo *m* Feld; Land *(im Gegensatz zur Stadt)*
canal *m* Kanal
canción *f* Lied
canela *f* Zimt
canoa *f* Kanu
cansado müde
cantar singen
cantidad *f* Menge
capital *f* Hauptstadt
capitán Kapitän
cara *f* Gesicht
caracol *m* Schnecke
caravana *f* Wohnmobil; Wohnwagen
cargador *m* Ladegerät
Carnaval *m* Fasching, Karneval
carné *m* Ausweis
carné de conducir *m* Führerschein
carne *f* Fleisch
carnicería *f* Metzgerei
caro teuer
carretera *f* Landstraße
carril de bicicletas *m* Radweg
casa *f* Haus
casado verheiratet
casa para las vacaciones *f* Ferienhaus
casarse heiraten
casco *m* Helm
casco antiguo *m* Altstadt
casero hausgemacht
casi fast
caso de emergencia *m* Notfall
católico katholisch

causa *f* Ursache
cava *m* Sekt *(spanischer)*
CD *m* CD
cebolla *f* Zwiebel
cementerio *m* Friedhof
cena *f* Abendessen
cenicero *m* Aschenbecher
céntrico zentral
centro *m* Stadtmitte; Zentrum
centro comercial *m* Einkaufszentrum
cerdo *m* Schwein
cerezas *f/pl* Kirschen
cerillas *f/pl* Streichhölzer
cerrado geschlossen; gesperrt
cerrar schließen
cerveza *f* Bier
chaleco reflectante *m* Warnweste
champú *m* Shampoo
chaqueta *f* Jacke
chica *f* Mädchen
chicle *m* Kaugummi
chico *m* Junge
chimenea *f* Kamin
chiste *m* Witz
chocolate *m* Schokolade
choque *m* Schock
chupete *m* Schnuller
ciego blind
cielo *m* Himmel
cigarrillos *m/pl* Zigaretten
cigüeña *f* Storch
cine *m* Kino
cinturón *m* Gürtel
cinturón de seguridad *m* Sicherheitsgurt
circuito *m* Rundfahrt
ciruela *f* Pflaume
cita *f* Verabredung
ciudad *f* Stadt
claro hell; klar
clase *f* Sorte
clavo *m* Nagel
cliente *m* Kunde
coche-cama *m* Schlafwagen
cochecito *m* Kinderwagen
coche de alquiler *m* Mietwagen
coche-restaurante *m* Speisewagen
cocina *f* Küche; Herd
cocina de gas *f* Gasherd

cocinero *m* Koch
coger nehmen
cojín *m* Kissen
colchón *m* Matratze
colchoneta hinchable *f* Luftmatratze
colegio *m* Schule
columna vertebral *f* Wirbelsäule
comer essen
comestible essbar
comestibles *m/pl* Lebensmittel
cómico komisch
comida *f* Mittagessen
comienzo *m* Beginn
como wie
cómodo bequem
compartimento *m* Abteil
compensación *f* Ersatz *(Geld)*
competente zuständig
completo ausgebucht; komplett
complicado kompliziert
comprar einkaufen; kaufen
comprimido *m* Tablette
común gemeinsam
comunicación *f* Verständigung
con mit
conchas *f/pl* Muscheln
concierto *m* Konzert
condimentado gewürzt
conducir fahren *(Fahrer sein)*
conductor *m* Fahrer
conductor(a) suicida Geisterfahrer(in)
confirmar bestätigen
con fluidez fließend *(sprechen)*
con frecuencia oft
con mucha grasa fett
con mucho gusto gern
conocer kennen; kennen lernen
conocido bekannt
con receta médica rezeptpflichtig
consejo *m* Tipp
conservable haltbar *(Lebensmittel)*
consigna *f* Gepäckaufbewahrung

consigna automática *f* Schließfach
contacto *m* Kontakt
contagioso ansteckend
contar erzählen
contento zufrieden
continuo durchgehend
contra gegen
contraseña *f* Passwort
contrato *m* Vertrag
control de equipaje *m* Gepäckkontrolle
control por radar *m* Radarkontrolle
copa de helado *f* Eisbecher
copia *f* Kopie
copiloto *m/f* Beifahrer(in)
corazón *m* Herz
corbata *f* Krawatte
correcto richtig
corregir korrigieren
correo electrónico *m* E-Mail
correos *m/pl* Post
corrida de toros *f* Stierkampf
corriente *f* Strom; Strömung
cortés höflich
corto kurz
cortocircuito *m* Kurzschluss
corzo *m* Reh
costa *f* Küste
costar kosten
creer glauben
crepúsculo *m* Dämmerung
criminalidad *f* Kriminalität
crisis *f* Krise
cristiano christlich
cruce *m* Kreuzung
crucero *m* Kreuzfahrt
crudo roh
cruzar überqueren
cuadro *m* Bild
cubierto *m* Besteck; Gedeck
cubito de hielo *m* Eiswürfel
cubo *m* Eimer
cuchara *f* Löffel
cuchillo *m* Messer
cuello *m* Hals
cuenta *f* Konto; Rechnung
cuero *m* Leder
cultura *f* Kultur

cumbre *f* Gipfel
cumpleaños *m* Geburtstag
curioso neugierig
curso *m* Kurs
curso de idiomas *m* Sprachkurs
curva *f* Kurve

D

dado *m* Würfel
daño *m* Schaden
dar geben
de von
de antemano im Voraus
débil schwach
decir sagen
dedo *m* Finger
dedo del pie *m* Zehe
dejar aufhören; (ver)lassen
delgado dünn
demasiado zu viel
demasiado poco zu wenig
de nada bitte *(gern geschehen)*
dentadura *f* Gebiss
dentista *m* Zahnarzt
dentro drinnen
(hacia) dentro hinein
de peaje gebührenpflichtig *(Autobahn)*
deporte *m* Sport
depósito *m* Kaution
de repente plötzlich
desayuno *m* Frühstück
descafeinado koffeinfrei
descanso *m* Erholung; Pause
descontento unzufrieden
descortés unhöflich
descuento *m* Ermäßigung; Rabatt
desde seit
desde hace seit *(Zeitraum)*
deseo *m* Wunsch
desgraciadamente leider
desinfectante *m* Desinfektionsmittel
desnudo nackt
desodorante *m* Deo
despegue *m* Start *(Flug)*
despertar wecken
después danach
destino *m* Ziel
destornillador *m* Schraubenzieher

desviación *f* Umleitung
detener verhaften
detergente *m* Spülmittel Waschmittel
devolución *f* Rückgabe
devolver rückerstatten; zurückgeben
día *m* Tag
día de descanso *m* Ruhetag
día de fiesta *m* Feiertag
día laborable *m* Werktag
dialecto *m* Dialekt
diario täglich
diarrea *f* Durchfall
diccionario *m* Wörterbuch
diciembre *m* Dezember
diente *m* Zahn
diferencia *f* Unterschied
difícil schwierig
dinero *m* Geld
dinero suelto *m* Kleingeld
dirección *f* Adresse; Richtung
directo direkt
discusión *f* Diskussion
disfrutar genießen
disponible verfügbar
distancia *f* Entfernung
diversión *f* Vergnügen
divertido lustig
divorciado geschieden
documentación del automóvil *f* Fahrzeugpapiere
dolor de cabeza *m* Kopfschmerzen
doloroso schmerzhaft
domingo *m* Sonntag
dormir schlafen
droga *f* Droge
ducha *f* Dusche
dulce süß
duración *f* Dauer
duro hart; zäh *(Fleisch)*
DVD *f* DVD

E

echar gasolina tanken
ecológico ökologisch
edad *f* Alter
educado höflich
educador *m* Erzieher
educadora *f* Erzieherin
ejemplo *m* Beispiel

ejercicio *m* Übung
él er
elegante schick
elegir wählen
embarazada schwanger
embarcar einchecken *(Person)*
embutido *m* Wurst *(Aufschnitt)*
empresa *f* Firma
empujar schieben
en alemán auf Deutsch
enamorado verliebt
encender einschalten
encontrar finden
encontrarse sich treffen
en directo live *(TV)*
en el camino unterwegs
enero *m* Januar
enfermedad *f* Krankheit
enfermo krank
enfrente (de) gegenüber
enlace *m* Anschluss
en lugar de anstatt; statt
ensalada *f* Salat
en seguida sofort
entender verstehen
en total insgesamt
entrada Eingang; Eintritt; Eintrittskarte
entre zwischen
entrenamiento *m* Training
enviar schicken
en voz baja *adv* leise
equipaje *m* Gepäck
equipaje de mano *m* Handgepäck
erizo *m* Igel
escalera *f* Treppe
escalera mecánica *f* Rolltreppe
escarabajo *m* Käfer
escarpado steil
escoba *f* Besen
escribir schreiben
esmalte *m* Nagellack
esnórquel *m* Schnorchel
espalda *f* Rücken
esparadrapo *m* Pflaster
especialidad *f* Spezialität
espectáculo *m* Veranstaltung
espejo *m* Spiegel
esperar warten
espina Gräte; Stachel *(Pflanze)*

esposa *f* Frau *(Ehefrau)*
esposo *m* Mann *(Ehemann)*
esquí *m* Ski
esquí acuático *m* Wasserski
esquina *f* Ecke
estación *f* Jahreszeit
estación de trenes *f* Bahnhof
estar sein *(sich befinden)*
estar satisfecho satt sein
este *m* Osten
esterilla aislante *f* Isomatte
estrecho eng; schmal
estrella *f* Stern
estresante stressig
estropeado kaputt *(beschädigt)*
estudiante *m* Student
estudiar lernen *(Schule, Uni)*; studieren
estufa *f* Ofen
euro *m* Euro
examinar prüfen; untersuchen
excelente hervorragend
excepción *f* Ausnahme
excursión *f* Ausflug
exento de aduana zollfrei
experiencia *f* Erfahrung
explicación *f* Erklärung
exposición *f* Ausstellung
extintor *m* Feuerlöscher
extra extra
extraño fremd; komisch *(seltsam)*

F

fácil leicht *(einfach)*
factor de protección solar *m* Lichtschutzfaktor
facturar einchecken *(Gepäck)*
falda *f* Rock
faltar fehlen
familia *f* Familie
famoso berühmt
fantástico fantastisch; toll
farmacia *f* Apotheke
faro *m* Leuchtturm
febrero *m* Februar
fecha de caducidad *f* Verfallsdatum

fecha de nacimiento *f* Geburtsdatum
felicitación *f* Glückwunsch
feria *f* Messe
ferry *m* Fähre
fiable zuverlässig *(Person)*
fiebre *f* Fieber
fiesta *f* Fest; Feier
fila *f* Reihe
filtro *m* Filter
filtro ultravioleta *m* UV-Filter
fin Ende; Ziel
final *m* Schluss
fin de semana *m* Wochenende
firmar unterschreiben
flirtear flirten
flor *f* Blume
formulario *m* Formular
foto *f* Foto
frambuesas *f/pl* Himbeeren
frase *f* Satz
frecuente häufig
freno *m* Bremse
fresas *f/pl* Erdbeeren
fresco frisch; kühl
frío kalt
frontera *f* Grenze
fruta *f* Obst
fuego *m* Feuer
fuente *f* Quelle
fuera draußen
fuerte stark
fumar rauchen
funcionar funktionieren
fusible *m* Sicherung
fútbol *m* Fußball *(Spiel)*
futuro *m* Zukunft

G

gafas *f/pl* Brille
gafas de sol *f/pl* Sonnenbrille
galletas *f/pl* Kekse
ganar gewinnen; verdienen
ganas *f/pl* Lust
ganso *m* Gans
garantía *f* Garantie
garrapata *f* Zecke
gas *m* Kohlensäure *(in Getränken)*
gasolina *f* Benzin

gasolinera *f* Tankstelle
gastos *m/pl* Unkosten
gato *m* Wagenheber
gaviota *f* Möwe
gel de ducha *m* Duschgel
gente *f* Leute
gofre *m* Waffel
golf *m* Golf
gordo dick
gorra *f* Mütze
gracias danke
grado *m* Grad
gramo *m* Gramm
grande groß
granja *f* Bauernhof
gratis kostenlos
grave schlimm
grifo *m* Wasserhahn
gris grau
grúa *f* Abschleppwagen
grupo *m* Gruppe
grupo de viaje *m* Reisegruppe
guapo hübsch *(Person)*; schön
guardarropa *m* Garderobe
guardia de montaña *f* Bergwacht
guarnición Beilage
guitarra *f* Gitarre
gusano *m* Wurm
gustar gefallen; mögen; schmecken

H

habitación *f* Zimmer
habitación doble *f* Doppelzimmer
habitación individual *f* Einzelzimmer
hablar reden; sprechen
hacer machen; tun
hacer autostop trampen
hacer daño wehtun
hacer footing joggen
hacer vela, navegar segeln
hacia atrás rückwärts
hamaca *f* Hängematte
hambre *f* Hunger
harina *f* Mehl
hecho a mano handgemacht
helado *m* Eis
helicóptero *m* Hubschrauber

herida Verletzung; Wunde
hermana *f* Schwester
hermano *m* Bruder
hermanos *m/pl* Geschwister
herramienta *f* Werkzeug
hierbas aromáticas *f/pl* Kräuter
hígado *m* Leber
hija *f* Tochter
hijo *m* Sohn
hilo *m* Faden
hinchazón *f* Schwellung
historia *f* Geschichte
hoja *f* Blatt
hombre *m* Mann
hombro *m* Schulter
homosexual homosexuell
hora Uhrzeit; Stunde
horario *m* Fahrplan
horas de apertura *f/pl* Öffnungszeiten
hornillo de gas *m* Gaskocher
horno *m* Ofen *(Backofen)*
hospital *m* Krankenhaus
hotel *m* Hotel
hoy heute
huelga *f* Streik
huésped *m* Gast
huevo *m* Ei
húmedo feucht

I

idea *f* Idee
idioma extranjero *m* Fremdsprache
iglesia *f* Kirche
igual egal; gleich
igualmente ebenfalls
impermeable wasserdicht
importante wichtig
importe *m* Betrag
imposible unmöglich
imprimir drucken
incendio *m* Brand; Feuer
incluido inbegriffen
incómodo ungemütlich
indemnización *f* Entschädigung
indicador (de camino) *m* Wegweiser
infección *f* Infektion
inflamación *f* Entzündung

información Auskunft; Information
ingredientes *m/pl* Zutaten
inmune immun
inocente unschuldig
inscripción *f* Anmeldung
insecticida *m* Insektenspray
insecto *m* Insekt
instrumento *m* Instrument
inteligente intelligent
interesante interessant
internacional international
Internet *f* Internet
interruptor *m* Schalter *(elektrisch)*
intoxicación *f* Vergiftung
inundación *f* Überschwemmung
invierno *m* Winter
invitación *f* Einladung
ir fahren; gehen
ir a comer essen gehen
irse de viaje verreisen
isla *f* Insel
islam *m* Islam
IVA *m* Mehrwertsteuer

J

jabalí *m* Wildschwein
jabón *m* Seife
jardín *m* Garten
jengibre *m* Ingwer
joven jung
joya *f* Schmuck
judío jüdisch
juego *m* Spiel
jueves *m* Donnerstag
julio *m* Juli
junio *m* Juni
junto a an *(neben)*
juntos gemeinsam; zusammen
jurista *m/f* Jurist(in)

L

labio *m* Lippe
lagartija *f* Eidechse
lago *m* See
lámpara *f* Lampe
lana *f* Wolle
lancha motora *f* Motorboot
lápiz de labios *m* Lippenstift

largo lang
lata *f* Dose
lavabo *m* Waschbecken
lavadora *f* Waschmaschine
lavar waschen
lavavajillas *m* Spülmaschine
leche *f* Milch
leche entera *f* Vollmilch
lector de tarjeta de memoria *m* Speicherkartenlesegerät
leer lesen
lejos weit *(Entfernung)*
lengua Sprache; Zunge
lentes de contacto *m/pl* Kontaktlinsen
lento *adv* langsam
letrero *m* Schild
levantarse aufstehen
libre frei
libro Buch
lila lila
limón *m* Zitrone
limonada *f* Limonade
limpiaparabrisas *m* Scheibenwischer
limpiar putzen
limpieza general *f* Endreinigung
limpio sauber
lino *m* Leinen
linterna *f* Taschenlampe
líquido *m* Flüssigkeit
liso glatt
lista de precios *f* Preisliste
listo bereit *(fertig)*
litro *m* Liter
llamada de urgencia *f* Notruf
llamarse heißen
llave *f* Schlüssel
llegada *f* Ankunft
(re)llenar ausfüllen
lleno voll
llevar mitnehmen
llorar weinen
llover regnen
lobo *m* Wolf
loción corporal *f* Körperlotion
lo mismo dasselbe
lugar *m* Ort
lugar de nacimiento *m* Geburtsort

lugares de interés *m/pl* Sehenswürdigkeiten
lujo *m* Luxus
luna *f* Mond
luna de miel Flitterwochen
lunes *m* Montag
luz *f* Licht

M

madera *f* Holz
madre *f* Mutter
magro mager
maíz *m* Mais
mala suerte *f* Unglück
maleta *f* Koffer
malo schlecht
maltratar misshandeln
mañana morgen; Vormittag
manguitos *m/pl* Schwimmflügel
manifestación *f* Demonstration
mano *f* Hand
manta *f* Bettdecke
manta de lana *f* Wolldecke
mantequilla *f* Butter
manzana *f* Apfel
manzanilla *f* Kamille
mapa *m* Landkarte
mar *m* Meer
marea alta *f* Flut
mareado schwindlig; seekrank
marido *m* Mann *(Ehemann)*
mariposa *f* Schmetterling
mariquita *f* Marienkäfer
mariscos *m/pl* Meeresfrüchte
marrón braun
marta *f* Marder
martes *m* Dienstag
martillo *m* Hammer
marzo *m* März
más mehr; zuzüglich
masaje *m* Massage
más de über *(mehr als)*
matar töten
materia *f* Stoff
material *m* Material
matrícula *f* Kennzeichen *(Fahrzeug)*
matrimonio *m* Ehepaar
máximo maximal

mayo *m* Mai
mayonesa *f* Mayonnaise
mechero *m* Feuerzeug
media pensión *f* Halbpension
médico *m* Arzt
médico de urgencias *m* Notarzt
medio halb; Mitte
medio ambiente *m* Umwelt
mediodía *m* Mittag
medusa *f* Qualle
melocotón *m* Pfirsich
memoria USB *m* USB-Stick
memorizar speichern
mensaje *m* Nachricht
mensaje corto *m* SMS
menta *f* Pfefferminze
mentira *f* Lüge
menú *m* Menü; Speisekarte
menú del día *m* Tageskarte *(Restaurant)*
mercado *m* Markt
mes *m* Monat
mesa *f* Tisch
meta *f* Ziel *(Sport)*
metro *m* U-Bahn
metro *m* Meter
mezclar mischen
miedo *m* Angst
miembro *m* Mitglied
miércoles *m* Mittwoch
minigolf *m* Minigolf
minuto *m* Minute
miope kurzsichtig
mitad *f* Hälfte
mixto gemischt
mochila *f* Rucksack
moho *m* Schimmel *(auf Lebensmitteln)*
mojado nass
molestar belästigen
molestia *f* Störung
momento *m* Moment
moneda *f* Münze; Währung
monedero *m* Geldbeutel
montaña *f* Berg; Gebirge
montar a caballo reiten
mordedor bissig
morder beißen
mosquitera *m* Moskitonetz
mosquito *m* Mücke
mostaza *f* Senf

mostrar zeigen
motel *m* Motel
moto *m* Motorrad
motor *m* Motor
móvil *m* Handy
muchacho *m* Junge
mucho viel
mudo stumm
mueble *m* Möbel
muerto tot
muesli *m* Müsli
mujer Frau
muleta *f* Krücke
multa *f* Strafzettel
mundo *m* Welt
murciélago *m* Fledermaus
muro *m* Mauer
museo *m* Museum
música *f* Musik
muy sehr

N

nacionalidad *f* Nationalität
nada nichts
nadar schwimmen
nadie niemand
naranja *f* Orange
nariz *f* Nase
nata *f* Sahne
naturaleza *f* Natur
náuseas *f/pl* Übelkeit
navaja *f* Taschenmesser
navegador GPS *m* Navigationssystem
Navidad *f* Weihnachten
necesitar brauchen
nectarina *f* Nektarine
negocio *m* Geschäft
negro schwarz
nervioso nervös
neumático de repuesto *m* Reservereifen
nevera *f* Kühlschrank
niebla *f* Nebel
nieve *f* Schnee
niño *m* Kind
no nein; nicht
noche *f* Abend *(später Abend)*; Nacht
Nochevieja *f* Silvester
nombre *m* (Vor-)name
no nadador *m* Nichtschwimmer
normal normal
norte *m* Norden

nosotras *f* wir
nosotros *m* wir
nostalgia *f* Heimweh
novia *f* Freundin *(Partnerin)*
noviembre *m* November
novio *m* Freund *(Partner)*
nube *f* Wolke
nuevo neu
nuez *f* Nuss
número *m* Anzahl; Nummer; Zahl
número de móvil *m* Handynummer
número de teléfono *m* Telefonnummer
número secreto *m* Geheimzahl
nunca nie

O

o oder
objetivo *m* Objektiv
objetivo gran angular *m* Weitwinkelobjektiv
objetos de valor *m/pl* Wertsachen
obras Baustelle; Straßenarbeiten
oca *f* Gans
octubre *m* Oktober
ocupado besetzt
oeste *m* Westen
oferta *f* Angebot; Sonderangebot
oficina de objetos perdidos *f* Fundbüro
Oficina de Turismo *f* Fremdenverkehrsamt
ojalá hoffentlich
ojo *m* Auge
ola *f* Welle
olla *f* Topf
olor *m* Geruch
olvidar vergessen
ópera *f* Oper
ordenador *m* Computer
orégano *m* Oregano
organización *f* Organisation
orgulloso stolz
orilla *f* Ufer
oro *m* Gold
oscuro dunkel
oso *m* Bär

otoño *m* Herbst
oveja *f* Schaf
ozono *m* Ozon

P

paciencia *f* Geduld
padre *m* Vater
padres *m/pl* Eltern
pagar bezahlen; zahlen
pagar por separado getrennt bezahlen
pagar todo junto zusammen bezahlen
página web *f* Homepage
pago por adelantado *m* Anzahlung
país *m* Land
paisaje *m* Landschaft
pájaro *m* Vogel
palabra *f* Wort
palacio *m* Schloss
palmera *f* Palme
paloma *f* Taube
pan *m* Brot
panadería *f* Bäckerei
pan integral *m* Vollkornbrot
paño de cocina *m* Geschirrtuch
panorama *m* Panorama
pantalón *m* Hose
pañuelo *m* Taschentuch; Halstuch
papel *m* Papier
papel higiénico *m* Toilettenpapier
paquete *m* Packung
para für
parabrisas *m* Windschutzscheibe
paracaidismo *m* Fallschirmspringen
parada *m* Haltestelle
parada prohibida *f* Halteverbot
parado arbeitslos
paraguas *m* Regenschirm
pared *f* Wand
pareja *f* Paar
pariente *m/f* Verwandte(r)
parque *m* Park
parque infantil *m* Spielplatz
parque nacional *m* Nationalpark

parquímetro *m* Parkuhr
participar mitmachen; teilnehmen
pasado mañana übermorgen
pasaporte *m* Reisepass; Pass
Pascua (de Resurrección) *f* Ostern
paseo *m* Spaziergang
paso *m* Durchfahrt
paso elevado *m* Überführung *(für Fußgänger)*
paso subterráneo *m* Unterführung
pasta *f* Nudeln
pastas *f/pl* Gebäck
pastel *m* Kuchen
pastelería *f* Konditorei
patatas *f/pl* Kartoffeln
patín *m* Tretboot
patria *f* Heimat
pava *f* Pute
pavo *m* Pute *(Fleisch)*
peaje *m* Maut
pecho *m* Brust
pediatra *m* Kinderarzt
pedicura *f* Pediküre
pedir bestellen
peligro *m* Gefahr
pelo *m* Haar
pelota *f* Ball
peluquero *m* Friseur
pendientes *m/pl* Ohrringe
pensar denken; überlegen
pensión *f* Pension
pensión completa *f* Vollpension
pequeño klein
pera *f* Birne
percha *f* Kleiderbügel
perder verlieren
perdón *m* Verzeihung
peregrino *m* Pilger
perfecto perfekt
perfume *m* Parfüm
periódico *m* Zeitung
permeable undicht
permitido zulässig
permitir erlauben
pernoctación *f* Übernachtung
pero aber; doch
perro *m* Hund
persiana *f* Rollladen

persona *f* Person
pertenecer gehören
pesado schwer
pescado *m* Fisch
pescar con caña angeln
peso *m* Gewicht
picadura *f* Stich *(Insekt)*
picante pikant; scharf
picnic *m* Picknick
pie *m* Fuß
piedra *f* Stein
piel *f* Leder; Haut
pierna *f* Bein
pila *f* Batterie
piloto *m* Pilot
pimienta *f* Pfeffer
piña *f* Ananas
pingpong *m* Tischtennis
pinza *f* Pinzette
pipa *f* Pfeife
piragua *f* Kajak
piscina *f* Schwimmbad; Swimmingpool
piscina (descubierta) *f* Freibad
piscina jacuzzi *f* Whirlpool
plan *m* Plan
plancha *f* Bügeleisen
plano flach
plano *m* Plan *(Straßenplan)*
planta *f* Pflanze
planta baja *f* Erdgeschoss
plástico *m* Plastik *(Material)*
plata *f* Silber
plátano *m* Banane
plato *m* Teller; Gang *(Menü)*
plato del día *m* Tagesgericht
playa *f* Strand
playa nudista *f* FKK-Strand
plaza *f* Platz
pobre arm
pobre en grasa(s) fettarm
poco wenig
poder dürfen; können
policía Polizei; Polizist
pollo *m* Hähnchen
polvoriento staubig
pomada *f* Salbe
poner legen
por für
por favor bitte
porque weil
portabebés *m* Kindersitz

portaequipajes *m* Gepäckträger
postal *f* Postkarte
postre *m* Nachtisch
practicar el surf surfen
prado *m* Wiese
precaución *f* Vorsicht
precio *m* Preis
preferencia *f* Vorfahrt
preguntar fragen
preinscripción *f* Voranmeldung
prenda *f* Pfand
preparación *f* Zubereitung
présbita weitsichtig
prescripción *f* Vorschrift
preservativo *m* Kondom
presidente *m/f* Präsident(in)
prestar ausleihen; leihen
primavera *f* Frühling
primero erst
primer plato *m* Vorspeise
principiante *m/f* Anfänger(in)
prismáticos *m/pl* Fernglas
privado privat
probablemente voraussichtlich
probar probieren
problema *m* Problem
producto de limpieza *m* Putzmittel
profesión *f* Beruf
profesor(a) Lehrer(in)
profundo tief
programa *m* Programm
prohibición de fumar *f* Rauchverbot
prohibido verboten
prohibido aparcar Parkverbot
prometer versprechen
prometido verlobt
pronto bald
pronunciación *f* Aussprache
propina *f* Trinkgeld
proprietario *m* Inhaber
propuesta *f* Vorschlag
protección *f* Schutz
protestante evangelisch
provisional vorläufig
próximo nächster
publicidad *f* Werbung

pudín *m* Pudding
pueblo *m* Dorf
puente *m* Brücke
puerta *f* Tür
puerto *m* Hafen
puesta del sol *f* Sonnenuntergang
pulgar *m* Daumen
pulmón *m* Lunge
pulso *m* Puls
punto de reunión *m* Treffpunkt
puntual pünktlich
puro pur

Q

quedarse bleiben
quejarse sich beschweren
quemadura solar *f* Sonnenbrand
quemar brennen
querer lieben; mögen; wollen
queso *m* Käse
quilate *m* Karat
quizás vielleicht

R

ración *f* Portion
raíz *f* Wurzel
rápido schnell
rastro *m* Flohmarkt
rata *f* Ratte
rayo *m* Blitz
rayos ultravioletas *m/pl* UV-Strahlen
razón *f* Grund
rebajas *f/pl* Schlussverkauf
recargar aufladen
recepción *f* Empfang; Rezeption
receta *f* Rezept
recibo *m* Quittung
reclamación *f* Reklamation
recoger abholen
recomendar empfehlen
recuerdo *m* Andenken; Souvenir
red *f* Internet *(Netz)*
red de telefonía móvil *f* Mobilfunknetz
refugio *m* Hütte
regalo *m* Geschenk
regional regional
regularmente regelmäßig

reír lachen
reloj *m* Uhr; Armbanduhr
renovar renovieren
reparación *f* Reparatur
repetir wiederholen
resbaladizo rutschig
reserva *f* Buchung
reservado reserviert
reserva natural *f* Naturschutzgebiet
reservar buchen *(Flug etc.)*; reservieren
resfriado *m* Schnupfen; Erkältung
responsabilidad *f* Haftung
responsable verantwortlich
respuesta *f* Antwort
restaurante *m* Restaurant
restaurante de autopista *m* Raststätte
resto *m* Rest
retraso *m* Verspätung
revisar überprüfen
revisor *m* Schaffner
rico reich
riñón *m* Niere
río *m* Fluss
rizos *m/pl* Locken
robar stehlen
robo *m* Diebstahl
roca *f* Fels
rodeo *m* Umweg
rodilla *f* Knie
rojo rot
romántico romantisch
romero *m* Rosmarin
ronco heiser
ropa *f* Wäsche
ropa de cama *f* Bettwäsche
ropa interior *f* Unterwäsche
rosa rosa; Rose
roto gebrochen; kaputt
rubio blond
ruido *m* Geräusch; Lärm
ruta *f* Route

S

sábado *m* Samstag
saber wissen
sabor *m* Geschmack

sacacorchos *m* Korkenzieher
sacar fotos fotografieren
saco de dormir *m* Schlafsack
sal *f* Salz
salchicha *f* Wurst *(Würstchen)*
saldo activo *m* Guthaben
salida *f* Abfahrt; Abreise; Ausgang
salida de emergencia *f* Notausgang
salida del sol *f* Sonnenaufgang
salir ausgehen
salmón *m* Lachs
salsa *f* Soße
saludo *m* Gruß
salvavidas *m* Rettungsring
sandía *f* Wassermelone
sangre *f* Blut
sano gesund
sartén *f* Pfanne
sauna *f* Sauna
scooter *m* Roller
secador *m* Föhn
seco trocken
sed *f* Durst
seda *f* Seide
seguir folgen
segundo *m* Sekunde
segundo plato *m* Hauptgericht
seguro sicher; zuverlässig
seguro *m* Versicherung
sello *m* Briefmarke
semana *f* Woche
semidesnatado fettarm *(Milch)*
señal de stop *f* Stoppschild
sendero *m* Wanderweg
señor *m* Herr
señora *f* Dame; Frau *(Anrede)*
separado getrennt
septiembre *m* September
ser sein
serio ernst
serpiente *f* Schlange *(Tier)*
servicio *m* Bedienung
servicios *m/pl* Toilette
servilleta *f* Serviette
setas *f/pl* Pilze
sexo *m* Sex
sí ja; doch *(als Antwort)*

siempre immer
silencioso leise; still *(lautlos)*
silla *f* Stuhl
silla de ruedas *f* Rollstuhl
similar ähnlich
simpático nett; sympathisch
simple einfach
sin ohne
sin alcohol alkoholfrei
sincero ehrlich
sin escalones stufenlos
sin gluten glutenfrei
singular einzeln
sin lactosa laktosefrei
sin validez ungültig
sobre über
sobrepeso *m* Übergepäck
sofá *m* Couch
sofocante stickig
soga *f* Seil
sol *m* Sonne
solo allein
soltero ledig
soltero, soltera *m/f* Single
solución *f* Lösung
sombra *f* Schatten
sombrero *m* Hut
sombrilla *f* Sonnenschirm
sonreír lächeln
sopa *f* Suppe
sordo taub
sorpresa *f* Überraschung
suave mild
subir einsteigen
sucio dreckig; schmutzig
sudar schwitzen
suelto einzeln
sueño *m* Traum
suerte *f* Glück
suficiente genug
Suiza Schweiz
suiza *f* Schweizerin
suizo *m* Schweizer
sujetador *m* BH
sujeto a derechos gebührenpflichtig
suma *f* Summe
suma global *f* Pauschale
supermercado *m* Supermarkt
suplemento *m* Aufpreis; Zuschlag
sur *m* Süden

T

tabaco *m* Tabak
taller *m* Werkstatt
tamaño *m* Größe
también auch
taquilla *f* Schalter *(Bahn)*
tarde spät; Abend *(früher Abend)*; Nachmittag
tarifa *f* Gebühr
tarjeta de crédito *f* Kreditkarte
tarjeta de débito *f* EC-Karte
tarjeta de embarque *f* Bordkarte
tarjeta de memoria *f* Speicherkarte
tarjeta telefónica *f* Telefonkarte
tasca *f* Kneipe
taxi *m* Taxi
taza *f* Tasse
té *m* Tee
teatro *m* Theater
tejado *m* Dach
tela *f* Stoff *(Tuch)*
teléfono *m* Telefon
televisor *m* Fernseher
temperatura *f* Temperatur
tempestad *f* Sturm
temporada alta *f* Hauptsaison
temporada baja *f* Nachsaison; Vorsaison
temporal *m* Unwetter
temprano früh
tenazas *f/pl* Zange
tenedor *m* Gabel
tener haben; halten
tener en cuenta beachten
tener que müssen
tenis *m* Tennis
terminado fertig
terminal *f* Endstation
terminar aufhören *(enden)*; beenden
ternero *m* Kalb
terraza *f* Terrasse
terremoto *m* Erdbeben
tiburón *m* Hai(fisch)
ticket *m* Kassenzettel
tiempo *m* Wetter; Zeit
tienda *f* Geschäft *(Laden)*
tienda de campaña *f* Zelt
tierno zart
tijeras *f/pl* Schere

timbre *m* Klingel
tímido schüchtern
tintorería *f* Reinigung
típico typisch
tirar ziehen
toalla *f* Handtuch
tocar berühren
tocar la bocina hupen
todavía noch
todo alles; ganz
todo recto geradeaus
tomar nehmen
tomate *m* Tomate
tonto dumm
torero *m* Stierkämpfer
tormenta *f* Gewitter
toro *m* Stier
torre *f* Turm
tos *f* Husten
trabajo *m* Arbeit
tractor *m* Traktor
traducir übersetzen
traductor(a) Übersetzer(in)
tráfico *m* Verkehr
traje *m* Anzug
traje de baño *m* Badeanzug
tramo *m* Strecke
tranquilo ruhig; still
transbordador de coches *m* Autofähre
transferencia *f* Überweisung
tranvía *m* Straßenbahn
trepar klettern
trigo *m* Weizen
trípode *m* Stativ
triste traurig
trozo *m* Stück
trueno *m* Donner
tú du
tumbona *f* Liege; Liegestuhl
túnel *m* Tunnel
turista *m/f* Tourist(in)
turquesa türkis

U

uña *f* Nagel *(Fingernagel)*
universidad *f* Universität
urgente dringend
usado gebraucht
usar benutzen
usual üblich

útil nützlich
utilizar benutzen
uvas *f/pl* Weintrauben

V

vacaciones *f /pl* Ferien; Urlaub
vacío leer
vacunación *f* Impfung
vago undeutlich
vagón *m* Waggon
vainilla *f* Vanille
vajilla *f* Geschirr
vale *m* Gutschein
válido gültig
valioso kostbar
vaso *m* Glas; Becher
vegano vegan
vegetariano vegetarisch
vegetariano(-a) Vegetarier(in)
velas *f* Kerzen
velocidad *f* Geschwindigkeit
vendajes *m/pl* Verbandszeug
venenoso giftig
venir kommen
venta *f* Verkauf
ventana *f* Fenster
ventanilla *f* Schalter *(Fahrkarten, Bank usw.)*
ventilador Ventilator
ver sehen
verano *m* Sommer
verde grün
verdura *f* Gemüse
vestido *m* Kleid
vestuario *m* Umkleidekabine
veterinario *m* Tierarzt
vía *f* Gleis
viajar reisen
viaje *m* Reise
viaje de ida *m* Hinfahrt
viaje de vuelta *m* Heimreise
viejo alt
viento *m* Wind
viernes *m* Freitag
vinagre *m* Essig
vino *m* Wein
vino blanco *m* Weißwein
vino espumoso *m* Sekt
vino tinto *m* Rotwein

virus *m* Virus
visado *m* Visum
visita guiada *f* Führung *(Besichtigung)*
visitar besichtigen; besuchen
vista *f* Aussicht; Sicht
víveres *m/pl* Lebensmittel
vivir leben; wohnen
volar fliegen
voleibol *m* Volleyball
votar wählen *(politisch)*
voz *f* Stimme
vuelta *f* Wechselgeld
vuelta *f* Rückfahrt; Rundgang; Tour

W

wáter *m* Klo; WC
wifi *m* WLAN

Y

y und
yate *m* Jacht
yo ich
yogur *m* Joghurt

Z

zanahoria *f* Karotte
zapatillas de deporte *f/pl* Turnschuhe
zapatos *m/pl* Schuhe
zona de no fumadores *f* Nichtraucherzone
zona peatonal *f* Fußgängerzone
zorro *m* Fuchs
zumo *m* Saft

Die Zahlen

0 .... cero 'θero
1 .... uno 'uno
2 .... dos dos
3 .... tres tres
4 .... cuatro 'kwatro
5 .... cinco 'θinko
6 .... seis säis
7 .... siete 'sjete
8 .... ocho 'otscho
9 .... nueve 'nuewe
10 .... diez djeθ
11 .... once 'onθe
12 .... doce 'doθe
13 .... trece 'treθe
14 .... catorce ka'torθe
15 .... quince 'kinθe
16 .... dieciséis djeθi'säis
17 .... diecisiete djeθi'sjete
18 .... dieciocho djeθi'otscho
19 .... diecinueve djeθi'nuewe
20 .... veinte 'bäinte
21 .... veintiuno bäinti'uno
22 .... veintidós bäinti'dos
23 .... veintitrés bäinti'tres
24 .... veinticuatro bäinti'kwatro
25 .... veinticinco bäinti'θinko
26 .... veintiséis bäinti'säis
27 .... veintisiete bäinti'sjete

Wo ist ...?	¿Dónde está ...? 'donde_esta ...?
Wo gibt es ...?	¿Dónde hay ...? 'donde_ai ...?
hier	aquí a'ki
dort	allí a'ji
heute	hoy oi
morgen	mañana ma'njana
Haben Sie ...?	¿Tiene ...? tjene ...?
Ich möchte ...	Quisiera ... ki'sjera ...
Was ist das?	¿Qué es esto? ke_es 'esto?
Was kostet das?	¿Cuánto cuesta? 'kwanto 'kuesta?
Die Karte bitte.	Por favor, la carta. por fa'wor, la 'karta.
Die Rechnung bitte!	¡La cuenta, por favor! la 'kuenta, por fa'wor!
Hilfe!	¡Socorro! so'korro!
Können Sie mir bitte helfen?	¿Podría usted ayudarme? po'dria_us'te(d) aju'darme?
Rufen Sie schnell einen Krankenwagen!	¡Rápido, llame una ambulancia! 'rapido, 'jame_a_'una ambu'lanθia!

Höfliche Wendungen

Bitte, ...	Por favor ... por fa'wor ...
Vielen Dank.	Muchas gracias. 'mutschas 'graθias.
Vielen Dank für Ihre Hilfe.	Muchas gracias por su ayuda. 'mutschas 'graθias por su‿a'juda.
Ja, gerne.	Sí, por favor. si, por fa'wor.
Nein, danke.	No, gracias. no, 'graθias.
Gern geschehen.	De nada. de 'nada.
Entschuldigen Sie!	¡Perdone! per'done!
Darf ich?	¿Puedo? 'puedo?
Sehr gerne.	Con mucho gusto. kon 'mutscho 'gusto.
Sehr gut!	¡Muy bien! mui bjen!
Großartig!	¡Estupendo! estu'pendo!
Wie schade!	¡Qué pena! ke 'pena!
Macht nichts!	¡No importa! no‿im'porta!
Das gefällt mir.	Me gusta. me 'gusta.
Das gefällt mir nicht.	No me gusta. no me 'gusta.
Das ist mir egal.	Me da igual. me da‿i'gual.
Das tut mir leid.	Lo siento. lo 'sjento.
Das war ein Missverständnis.	Ha sido un malentendido. a 'sido un malenten'dido.